地铁车站通风空调系统噪声控制设计指南

王迪军　罗燕萍　方庆川　编著

中国建筑工业出版社

图书在版编目（CIP）数据

地铁车站通风空调系统噪声控制设计指南 / 王迪军，
罗燕萍，方庆川编著. —北京：中国建筑工业出版社，
2023.10（2024.7重印）
ISBN 978-7-112-29101-4

Ⅰ.①地…　Ⅱ.①王…②罗…③方…　Ⅲ.①地下铁道车站-
空气调节系统-噪声控制-系统设计-指南
Ⅳ.①U231.5-62

中国国家版本馆 CIP 数据核字（2023）第 168163 号

本指南规定了地铁地下车站通风空调系统噪声控制的设计目标及评价指标，适用于地铁地下车站主要噪声源设备（包括站内通风设备、隧道内行驶的列车）对站内公共区域及设备管理用房、对站外周边环境的噪声控制设计。主要解决问题包括：明确通风空调系统噪声对站外及站内的控制标准、评价指标，站外及站内测点位置、工况及测量时间的确定，给出建设项目不同阶段的噪声控制设计流程，总结通风空调系统噪声源的噪声特性、噪声限值及计算方法，提供多个噪声传播环节的传声损失，归纳消声措施的选配原则、设计步骤、计算方法。本指南可供轨道交通相关专业设计人员参考使用。

责任编辑：曾　威
责任校对：刘梦然

地铁车站通风空调系统噪声控制设计指南

王迪军　罗燕萍　方庆川　编著

＊

中国建筑工业出版社出版、发行（北京海淀三里河路 9 号）
各地新华书店、建筑书店经销
北京科地亚盟排版公司制版
建工社（河北）印刷有限公司印刷

＊

开本：787 毫米×1092 毫米　1/16　印张：9¾　字数：195 千字
2023 年 10 月第一版　　2024 年 7 月第二次印刷
定价：45.00 元
ISBN 978-7-112-29101-4
（41823）

前　言

新修订的《中华人民共和国噪声污染防治法》（以下简称《新噪声法》）于 2022 年 6 月 5 日正式生效，《新噪声法》明确了噪声污染内涵、完善了噪声标准体系、强化了噪声源头防控、夯实了各级政府责任、细化了防控噪声措施、聚焦了噪声扰民难点。根据《新噪声法》的精神，建设项目的噪声污染防治设施应当与主体工程同时设计、同时施工、同时投产使用。建设项目在投入生产或者使用之前，建设单位应当依照有关法律法规的规定，对配套建设的噪声污染防治设施进行验收，编制验收报告，并向社会公开。

随着地铁建设的高速发展，加上居民对生活环境质量的高要求，地铁车站噪声污染方面的投诉屡见不鲜，如何运用成熟的消声措施，有效地控制噪声污染，并与主体工程"三同时"建设，是工程界急需解决的难题。本指南解决的主要问题包括：明确站外及站内通风空调系统噪声的控制标准和评价指标，站外及站内测点位置、工况及测量时间的确定，给出建设项目不同阶段的噪声控制设计流程，总结通风空调系统噪声源的噪声特性、噪声限值及计算方法，提供多个噪声传播环节的传声损失，归纳消声措施的选配原则、设计步骤、计算方法。

本指南的编著由广州地铁设计研究院股份有限公司、深圳中雅机电实业有限公司合作完成，是双方各自多年工程设计实践与技术研究成果的总结整理与提升，其中附录资料在地铁领域噪声治理工程中经过了大量的实践验证，可用于实际车站设计的参考。麦慧婷、张润、李振格、田志国、冯旭、易港平、郑镇荣、胡自林、朱奕豪参与了书稿的编写与资料整理，以及出版协调工作，在此一并答谢，希望地铁环境工程能引起业界更多的关注，车站环境噪声问题能得到更好的解决。

目　录

1 使用范围

本指南根据国家相关现行标准的规定，提出了地铁地下车站通风空调系统噪声控制的设计目标与评价指标，以及相应的设计方法，可用于地铁地下车站主要噪声源设备（包括站内通风设备、隧道内行驶的列车）对站内公共区域及设备管理用房、对站外周边环境的噪声控制设计。

2 执行规范与标准

GB 3096—2008	声环境质量标准
GB 12348—2008	工业企业厂界环境噪声排放标准
GB 22337—2008	社会生活环境噪声排放标准
GB 50157—2013	地铁设计规范
GB 50243—2016	通风空调工程施工质量验收规范
GB/T 2888—2008	风机和罗茨鼓风机噪声测量方法
GB/T 3222.1—2022	声学 环境噪声的描述、测量与评价 第1部分：基本参量与评价方法
GB/T 3241—2010	电声学 倍频程和分数倍频程滤波器
GB/T 3767—2016	声学 声压法测定噪声源声功率级和声能量级 反射面上方近似自由场的工程法
GB/T 3785.1—2010	电声学 声级计 第1部分：规范
GB/T 6882—2016	声学 声压法测定噪声源声功率级和声能量级 消声室和半消声室精密法
GB/T 13350—2017	绝热用玻璃棉及其制品
GB/T 13912—2020	金属覆盖层 钢铁制件热浸镀锌层 技术要求及试验方法
GB/T 14227—2006	城市轨道交通车站站台声学要求和测量方法
GB/T 14367—2006	声学 噪声源声功率级的测定 基础标准使用指南
GB/T 16405—1996	声学 管道消声器无气流状态下插入损失测量 实验室简易法
GB/T 17247.1—2000	声学 户外声传播衰减 第1部分：大气声吸收的计算
GB/T 17247.2—1998	声学 户外声传播的衰减 第2部分：一般计算方法
GB/T 17697—2014	声学 风机和其他通风设备辐射入管道的声功率测定 管

道法

GB/T 19360—2003	工业用金属穿孔板技术要求和检验方法
GB/T 19512—2004	声学　消声器现场测量
GB/T 20431—2006	声学　消声器噪声控制指南
GB/T 25516—2010	声学　管道消声器和风道末端单元的实验室测量方法　插入损失、气流噪声和全压损失
GB/T 34834—2017	声学　环境噪声评价中脉冲声事件暴露声级分布的计算方法
GB/T 36079—2018	声学　单元并排式阻性消声器传声损失、气流再生噪声和全压损失系数的测定　等效法
GB/T 41318—2022	通风消声器
GB/T 50087—2013	工业企业噪声控制设计规范
HJ 2.4—2021	环境影响评价技术导则　声环境
HJ 453—2018	环境影响评价技术导则　城市轨道交通
HJ 2055—2018	城市轨道交通环境振动与噪声控制工程技术规范
JB/T 8690—2014	通风机　噪声限值
JB/T 10504—2005	空调风机噪声声功率级测定　混响室法

3　名词和术语

下列名词和术语适用于本指南。

1）声压

p：有声波时，媒质中的压力与静压的差值。

注1：声压的单位为帕斯卡（Pa）。

注2：引自 GB/T 34834—2017。

2）声压级

L_p：声压 p 的平方与基准声压 p_0 的平方之比，取以 10 为底的对数的 10 倍，用分贝（dB）表示：

$$L_p = 10\lg\left(\frac{p^2}{p_0^2}\right) \tag{3-1}$$

式中：

p_0——基准声压，$p_0 = 2\times10^{-5}$ 帕斯卡（Pa）。

注1：如果 GB/T 3785.1—2010 中规定了频率和时间计权或特定频带，则用适当的下标表示，例如 L_{pA} 表示 A 计权声压级。

3）频率计权与时间计权声压级

通过标准频率计权和标准时间计权获得的一个均方根声压平方与基准声压平方之比的以 10 为底的对数的 10 倍。

注 1：声压单位为帕斯卡（Pa）。

注 2：基准声压为 2×10^{-5} 帕斯卡（Pa）。

注 3：频率计权与时间计权声压级的单位为分贝（dB）。

注 4：标准频率计权是 IEC 61672—1 规定的 A 计权和 C 计权，标准时间计权是 IEC 61672—1 规定的 F 计权（快档）和 S 计权（慢档）。可用 L_{AF}、L_{AS}、L_{CF}、L_{CS} 分别表示快档 A 计权声压级、慢档 A 计权声压级、快档 C 计权声压级、慢档 C 计权声压级。

注 5：引自 GB/T 3222.1—2022。

4）测量时间段

T：用来确定被测噪声源时间平均声压级的部分或多个运行时段或运行周期。

注 1：测量时间段的单位为秒（s）。

注 2：引自 GB/T 3767—2016。

5）等效连续声压级

$L_{eq,T}$：一定测量时段 T_m（从 t_1 开始到 t_2 截止）内声压 p 平方的时间平均与基准声压 p_0 平方之比的以 10 为底的对数的 10 倍。

注 1：等效连续 A 计权声压级（简称等效连续 A 声级）由式（3-2）表示：

$$L_{Aeq,T} = 10 \lg \left[\frac{\dfrac{1}{T} \int_{t_1}^{t_2} p_A^2(t) \mathrm{d}t}{p_0^2} \right] \tag{3-2}$$

式中：

$p_A(t)$——时刻 t 的瞬时声压，单位为帕斯卡（Pa）采用 A 计权；

T——测量时段，$T = t_1 - t_2$，单位为秒（s）；

p_0——基准声压，取 2×10^{-5} 帕斯卡（Pa）。

注 2：等效连续声压级的单位为分贝（dB）；

注 3：等效连续声压级也被称为"时间平均声压级"；

注 4：引自 GB/T 3222.1—2022；

注 5：GB 3096—2008、GB 12348—2008 及 GB 22337—2008 标准中规定的声环境功能区噪声限值指的是等效连续声压级。

6）倍频带声压级

$L_{p'i}$：采用符合 GB/T 3241—2010 规定的带通滤波器测量得到的倍频带中心频率声压级，其测量带宽和中心频率成正比，用分贝（dB）表示。

注1：倍频带中心频率为上限频率和下限频率的几何平均值。本指南中涉及的倍频带中心频率为 63Hz、125Hz、250Hz、500Hz、1000Hz、2000Hz、4000Hz、8000Hz（表 3-1）。

表 3-1　倍频带频率范围

范围	倍频带中心频率（Hz）							
	63	125	250	500	1000	2000	4000	8000
	倍频带的频率范围（Hz）							
下限	45	89	178	355	708	1413	2819	5624
上限	88	177	354	707	1412	2818	5623	11220

注2：已知各个倍频带声压级 $L_{p,i}$，则 A 计权声压级可用下式计算：

$$L_{pA} = 10\lg\Big[\sum_{i=1}^{n} 10^{\left(\frac{L_{p,i}-\Delta L_i}{10}\right)}\Big] \tag{3-3}$$

式中：

ΔL_i——第 i 个倍频带的 A 计权网络修正值（表 3-2），单位为分贝（dB）；

n——倍频带的数量，单位为个。

表 3-2　A 计权网络修正值

倍频带中心频率（Hz）	63	125	250	500	1k	2k	4k	8k
ΔL_i(dB)	−26.2	−16.1	−8.6	−3.2	0	1.2	1.0	−1.1

7）声能量

J：声功率 P 在一定持续时间段 T（起始于 t_1，终止于 t_2）的积分：

$$J = \int_{t_1}^{t_2} P(t)\mathrm{d}t \tag{3-4}$$

注1：声能量的单位为焦耳（J）。

注2：该量特别适用于非稳态的、间歇的声音事件中。

注3：引用自 GB/T 3767—2016。

8）声能量级

L_J：声能量 J 与基准声能量 J_0 之比取以 10 为底的对数的 10 倍，用分贝（dB）表示：

$$L_J = 10\lg\left(\frac{J}{J_0}\right) \tag{3-5}$$

式中：

J_0——基准值，单位为焦耳（J），$J_0 = 1 \times 10^{-12}$ J。

注1：如果应用 GB/T 3785.1—2010 规定的特定频率计权和/或应用特定的频带，则需要用适当的下标标明，例如，$L_{J,A}$ 表示 A 计权声能量级。

注2：引用自 GB/T 3767—2016。

9）声功率

P：声功率是单位时间内辐射的声能量。它等于通过某一测量面上一点的声压 p 与该点质点速度的测量面法向分量 u_n 的乘积在整个测量面上的积分。

测量面可以是平面，也可以是球面，半球面，或其他曲面。当测量面为平面时，可用下式表示。

$$P = \oint\left[p(x, y) \cdot u_n(x, y)\right] \cdot \mathrm{d}s \tag{3-6}$$

式中：

P——声功率，单位为瓦（W）；

$p(x, y)$——测量面上坐标为（x，y）一点的声压，单位为帕斯卡（Pa）；

$u_n(x, y)$——测量面上坐标为（x，y）一点振速的法向分量，单位为米/秒（m/s）；

$\mathrm{d}s$——测量面面积微分，单位为平方米（m²）；

10）声功率级

L_w：声源的声功率 P 与基准声功率 P_0 之比取以 10 为底的对数的 10 倍，用分贝（dB）表示。

$$L_w = 10\lg\left(\frac{P}{P_0}\right) \tag{3-7}$$

式中：

P_0——基准值，$P_0 = 1 \times 10^{-12}$ W。

注1：如果应用 GB/T 3785.1—2010 规定的特定频率计权和/或应用特定的频带，则需要用适当的下标标明，例如，L_{wA} 表示 A 计权声功率级。

注2：引用自 GB/T 6882—2016。

注3：风机噪声的声功率级由风机供应商提供，并且需要明确所提供的声功率级频谱数据是风机的整体声功率级还是风机进口/出口声功率级。

11）比声功率级

K_w：声源设备在指定工作状态点下对外发射的声功率级，用分贝（dB）表示。

如通风机的比声功率级，为风机在指定的风量和全压下对外发射的声功率级。通常指定风量为 $1m^3/s$ 或 $1m^3/h$，指定全压为 1Pa 或 1kPa。

注：同一台设备，指定工作状态点不同，其比声功率级的数值不同。因此，表达比声功率级时，一定要同时表达指定的工况。

12）倍频带声功率级

$L_{w,i}$：声源在频带宽度为倍频带的中心频率上对应的声功率级，用分贝（dB）表示。

注1：本指南中涉及的倍频带中心频率为 63Hz、125Hz、250Hz、500Hz、1000Hz、2000Hz、4000Hz、8000Hz。

注2：已知各个倍频带声功率级 $L_{w,i}$，则 A 计权声功率级可用下式计算：

$$L_{wA} = 10\lg\left[\sum_{i=1}^{n}10^{\left(\frac{L_{w,i}-\Delta L_i}{10}\right)}\right] \tag{3-8}$$

13）倍频带比声功率级

$K_{w,i}$：声源在频带宽度为倍频带的中心频率上对应的比声功率级，用分贝（dB）表示。

注：本指南中涉及的倍频带中心频率为 63Hz、125Hz、250Hz、500Hz、1000Hz、2000Hz、4000Hz、8000Hz。

14）昼间、夜间

根据《中华人民共和国环境噪声污染防治法》，"昼间"是指 6:00 至 22:00 之间的时段；"夜间"是指 22:00 至次日 6:00 之间的时段。

县级以上人民政府为环境噪声污染防治的需要（如考虑时差、作息习惯差异等）而对昼间、夜间的划分另有规定的，应按其规定执行。

注：引用自 GB 3096—2008。

15）昼间等效声级、夜间等效声级

在昼间时段内测得的等效连续 A 声级称为昼间等效声级，用 L_d 表示，单位为分贝 dB(A)。

在夜间时段内测得的等效连续 A 声级称为夜间等效声级，用 L_n 表示，单位为分贝 dB(A)。

注1：等效连续 A 声级指通过声级计测量得到的等效连续 A 计权声压级。

注2：引用自 GB 3096—2008。

16）最大声级

在规定的测量时间段内对某一独立噪声事件，测得的 A 声级最大值，用 $L_{F,max}$ 表示，单位为分贝 dB(A)。

17）工业企业厂界环境噪声

指在工业生产活动中使用固定设备等产生的、在厂界处进行测量和控制的干扰周围生活环境的声音。

注：引用自 GB 12348—2008。

18）社会生活环境噪声

指营业性文化娱乐场所和商业经营活动中使用的设备、设施产生的噪声。

注：引用自 GB 22337—2008。

19）厂界

由法律文书（如土地使用证、房产证、租赁合同等）中确定的业主所拥有使用权（或所有权）的场所或建筑物边界。各种产生噪声的固定设备的厂界为其实际占地的边界。

注：适用于工业企业噪声排放。引用自 GB 12348—2008。

20）边界

由法律文书（如土地使用证、房产证、租赁合同等）中确定的业主所拥有使用权（或所有权）的场所或建筑物边界。各种产生噪声的固定设备、设施的边界为其实际占地的边界。

注：适用于社会生活噪声排放。引用自 GB 22337—2008。

21）噪声敏感建筑物

指医院、学校、机关、科研单位、住宅等对噪声敏感的建筑物。

注：引用自 GB 12348—2008。

22）频发噪声

指频繁发生、发生的时间和间隔有一定规律、单次持续时间较短、强度较高的噪声，如排气噪声、货物装卸噪声等。

注：引用自 GB 12348—2008。

23）稳态噪声

在测量时间内，被测声源的声级起伏不大于 3dB 的噪声。

注 1：引用自 GB 12348—2008。

注 2：被测声源的声级指通过声级计测量得到的声压级。

24）非稳态噪声

在测量时间内，被测声源的声级起伏大于 3dB 的噪声。

注 1：引用自 GB 12348—2008。

注 2：被测声源的声级指通过声级计测量得到的声压级。

25）背景噪声

来自被测噪声源以外的其他声源的所有噪声。

注 1：被测噪声源指地铁正常运营时段，在正常运行时段产生噪声的通风空调系统设备。

注 2：背景噪声包括空气噪声、结构振动噪声和仪器中的电噪声。

注 3：引用自 GB/T 3767—2016。

26）贡献值

由被测噪声源单独产生、作用在测点的声压级。

注：测点指根据 GB 3096—2008 或者 GB 12348—2008 或者 GB 22337—2008 规定的测量位置。

27）测量值

被测噪声源正常运行时，在测点通过声级计测量得到的声压级。测量值包含了贡献值和背景噪声。

28）通风消声器

设置在通风与空调系统中，既允许气流通过，又能有效抑制噪声沿气流通道传播的装置。

注 1：引用自 GB/T 41318—2022。

注 2：按照消声原理分类，常见的消声器有阻性消声器、抗性消声器。

注 3：按照消声片结构形式分类，有管道式消声器、片式消声器、折板式消声器和阵列式消声器。地铁项目通常采用片式消声器和阵列式消声器，从原理上分均属于阻性消声器。

注 4：按照横截面形状分类，有矩形消声器、圆形消声器。

注 5：通风消声器构造示意图见本指南附录 A。

29）阻性消声器

利用阻性吸声材料吸收声能的通风消声器。

注：引用自 GB/T 41318—2022。

30）抗性消声器

不采用阻性吸声材料，通过管道截面突变或在消声器内部设共振吸声构造，利用声波的反射及共振等原理，阻碍声能传播的通风消声器。

31）片式消声器

在通风截面上设置一定数量的平直消声片，形成多个并排的平直型气流消声通道的通风消声器。

32）阵列式消声器

由多个消声单元在通风截面上按照阵列方式排列组成的通风消声器。

注：引用自 GB/T 41318—2022。

33）消声量

设计计算时，考虑消声器的插入损失和消声器气流噪声声功率级，同时忽略测点背景噪声的影响，在传播途径上安装消声器前后，测点的两组声压级之间的差值。

注：设计计算时，测点的背景噪声不是已知值，且现场测量的背景噪声不是稳定值。

34）插入损失

D_i：采取降噪措施前后，在同一个测点测量的两组声压级之间的差值，单位为分贝（dB）。

35）传声损失

D_t：从消声器入口入射到消声器的声功率级与从消声器出口透射出消声器的声功率级的差值，单位为分贝（dB）。

36）消声器气流噪声声功率级

气流通过通风消声器时再生的气流噪声的声功率级，单位为分贝（dB）。

37）通流比

消声器（或单元）通道净流通截面积与截面总面积的比值。

注：引用自 GB/T 36079—2018。

38）迎面风速

v_f：通风消声器进风侧法兰口横截面的平均风速，单位为米每秒（m/s）。

注：引用自 GB/T 41318—2022。

39）全压损失

Δp_t：通风消声器上游与下游之间的全压差，单位为帕斯卡（Pa）。

注：引用自 GB/T 41318—2022。

40）全压损失系数

ξ：全压损失除以通风消声器上游动压（基于迎面风速压强），无量纲。

$$\xi = \frac{\Delta p_t}{\frac{1}{2} \times \rho \times v_f^2} \tag{3-9}$$

式中：

Δp_t——全压损失，单位为帕斯卡（Pa）；

ρ——消声器上游空气密度，单位为千克每立方米（kg/m³）；

v_f——迎面风速，单位为米每秒（m/s）。

注1：引用自 GB/T 41318—2022；

注2：公式引用自 GB/T 25516—2010。

41）测试频率范围

从中心频率为 63～8000Hz 的倍频带，必要时可以拓展到中心频率为 50～10000Hz 的 1/3 倍频带。

42）风口末端的反射损失

D_{td}：当沿风管传递的噪声到达房间风口，在风管末端风口处，有一部分声能量将在末端风口处产生反射而衰减，即传递到风管末端的声功率级与通过风管末端风口对外辐射的声功率级之间的差值，单位为分贝（dB）。

43）混响时间

T_{60}：声音已达到稳态后停止声源，平均声能密度自原始值衰变百万分之一（60dB）所需要的时间，单位为秒（s）。

注1：该定义建立在假定的理想情况下，即声压级与时间呈线性关系，并且背景噪声足够低。

注2：引用自 GB/T 20247—2006。

44）吸声系数

α：入射声功率减去反射声功率的差值与入射声功率之比，无量纲。

注1：吸声系数的大小与声波入射角度有关，吸声系数的测量方法分为混响室法和驻波管法；

注2：混响室法吸声系数是当声波从各个方向无规入射时测定的吸声系数；

注3：驻波管法吸声系数是声波以界面法线方向垂直入射时测定的吸声系数。

45）等效吸声面积（又称吸声量）

A：与某表面或物体的声吸收能力相同而吸声系数为1的面积。一个表面的等效吸声面积等于它的吸声系数乘以其实际面积，单位为平方米（m²）。

$$A = \overline{\alpha} \times S \qquad (3-10)$$

式中：

A——等效吸声面积，单位为平方米（m²）；

$\overline{\alpha}$——表面或物体的平均吸声系数，无量纲；

S——一个表面或物体的实际面积，单位为平方米（m²）。

46）房间常数

R：反映房间内混响声场声学特性的重要参数，与房间内总表面的实际面积及房间内表面的平均吸声系数有关，单位为平方米（m²）。

$$R = \frac{S \times \bar{\alpha}}{1 - \bar{\alpha}} \qquad (3\text{-}11)$$

本指南所采用的术语和符号汇总见表3-3。

表3-3　术语和符号汇总表

序号	名称	符号	单位	备注	对应的章节
1	面积	S	m²	平方米	6，7
2	体积	V	m³	立方米	7
3	声压	p	Pa	帕斯卡	
4	声压级	L_p	dB		4，5，6，7，8
5	声功率	P	W	瓦	
6	声能量	J	J	焦耳	6.3，7.1
7	声能量级	L_J	dB		
8	声功率级	L_W	dB		5，6，7，8
9	比声功率级	K_W	dB		6.2
10	时间平均声压级	$L_{p,T}$	dB		
11	测量时间段	T	s	秒	4
12	等效连续声级	$L_{eq,T}/L_{eq}$	dB	声压级	
13	等效连续A计权声级	$L_{Aeq,T}/L_{A,eq}$	dB	声压级	4
14	倍频带声压级	$L_{p,i}$	dB	声压级	5，7
15	A计权声压级	L_{pA}	dB	声压级	
16	昼间等效声级	L_d	dB	声压级	4
17	夜间等效声级	L_n	dB	声压级	4
18	最大声级	$L_{F,max}$	dB	声压级	4
19	倍频带声功率级	$L_{W,i}$	dB	声功率级	5，6，7，8
20	A计权声功率级	L_{WA}	dB	声功率级	5，6，7，8
21	倍频带比声功率级	$K_{W,i}$	dB	声功率级	6.2
22	插入损失	D_i	dB		7，8，9
23	传声损失	D_t	dB		8
24	迎面风速	v_f	m/s	米/秒	8.4

序号	名称	符号	单位	备注	对应的章节
25	全压损失	Δp_t	Pa	帕斯卡	8.4
26	全压损失系数	ξ	无量纲		8.4
27	空气密度	ρ	kg/m³	千克/立方米	8.4
28	风量	Q_A	m³/s	立方米/秒	6.2
29	风口末端的反射损失	D_{td}	dB		7.2
30	风管（风道）末端的立体角	Ω	无量纲		7.2
31	空气中声速	c	m/s	米/秒	7.2
32	混响时间	T_{60}	s	秒	7.4
33	吸声系数	α	无量纲		7.3，7.4
34	等效吸声面积（又称吸声量）	A	m²	吸声系数×面积	7.4，7.5
35	房间常数	R	m²		7.4，7.5

4 噪声控制目标

噪声控制目标的相关参数见表 4-1。

表 4-1 噪声控制目标的相关参数

序号	控制区域	测点位置	工况描述	测量值	测量时段	测量持续时间 T_m	考核标准	备注
1	厂界/边界	厂界外 1m、高度 1.2m 以上、距任一反射面距离不小于 1m 的位置。注：引自 GB 12348—2008	1) 车站通风空调系统：正常运行工况；2) 隧道风机：早、晚通风工况；3) 列车：正常运营时段内通车频次、车速等	$L_{A,eq}$ $L_{F,max}$	分别在昼间、夜间两个时段，设备开启时测量	1) 稳态噪声：1min；2) 非稳态噪声：整个正常工作时段（或代表性时段）	GB 12348—2008 规定的各类声功能区厂界噪声排放限值	注 1
2	噪声敏感建筑物	1) 在噪声敏感建筑物外，距墙壁或窗户 1m 处，距地面高度 1.2m 以上；	1) 车站通风空调系统：正常运行工况；2) 隧道风机：早、晚通风工况；	$L_{A,eq}$ $L_{F,max}$	分别在昼间、夜间两个时段，设备开启时测量	1) 稳态噪声：1min；	GB 3096—2008 规定的各类声功能区环境噪声等效声级限值	

序号	控制区域	测点位置	工况描述	测量值	测量时段	测量持续时间 T_m	考核标准	备注
2	噪声敏感建筑物	2) 在噪声敏感建筑物室内，距离墙面和其他反射面至少 1m，距窗约 1.5m 处，距地面 1.2~1.5m 高。注：引自 GB 3096—2008	3) 列车：正常运营时段内通车频次、车速等	$L_{A,eq}$ $L_{F,max}$	分别在昼间、夜间两个时段，设备开启时测量	2) 非稳态噪声：整个正常工作时段（或代表性时段）	GB 3096—2008 规定的各类声功能区环境噪声等效声级限值	
3	站台/站厅	站台/站厅中部、距地面高度1.6m，距离墙面和其他反射面至少2m。注：引自 GB 14227—2006	1) 车站通风空调系统：正常运行工况；2) 隧道风机：早、晚通风工况；3) 列车：正常运营时段内通车频次、车速等	$L_{A,eq}$	车站运营时段	1) 无列车通过时：1min；2) 列车进、出站时：列车头部进站到停止，或者列车启动到列车尾部离站，测量次数≥10 次	GB 50157—2013 规定：1) 无列车通过时：70dB；2) 列车进、出站时：80dB	
4	主控室、集中控制室、一般办公室、会议室、值班室	房间风口下方、距离墙面和其他反射面至少1m，距地面1.2m 高	车站通风空调系统：正常运行工况	$L_{A,eq}$	设备开启时段	1min	GB/T 50087—2013 规定：60dB	注2
5	医务室、值班宿舍	房间风口下方、距离墙面和其他反射面至少1m，距地面1.2m 高	车站通风空调系统：正常运行工况	$L_{A,eq}$	设备开启时段	1min	GB/T 50087—2013 规定：55dB	注2
6	正常工作状态下计算机房、电气设备用房	房间风口下方、距离墙面和其他反射面至少1m，距地面1.2m 高	车站通风空调系统：正常运行工况	$L_{A,eq}$	设备开启时段	1min	GB/T 50087—2013 规定：70dB	注2

序号	控制区域	测点位置	工况描述	测量值	测量时段	测量持续时间 T_m	考核标准	备注
7	通风与空调机房、冷水机房	房间风口下方、距离墙面和其他反射面至少 1m，距地面 1.2m 高	车站通风空调系统：正常运行工况	$L_{A,eq}$	设备开启时段	1min	GB 50157—2013 规定：90dB	注2

注：1 表中厂界/边界通常指的是地铁车站地面设施的用地红线；当地面设施与周边建筑合建时，以周边建筑的厂界/边界为准；

2 测量值指在房间测点测量得到的声压级，包含通风空调系统声源噪声传至房间测点的贡献值和房间内背景噪声，其中房间内自有的设备运行产生的噪声属于房间内背景噪声；

3 噪声控制的目标是噪声敏感建筑物、厂界/场界、环评报告书指定的测点；地下站内的站厅、站台、车站运营管理的各功能房间，如各类机房、办公室、会议室、休息室等；

4 噪声控制的目的是让这些位置或空间的声压级达到法律、标准、规范和政府生态环境管理部门对项目环境评价审核批复的要求；

5 噪声控制目标必须明确所有测点（准确的位置描述）、测量值（如等效连续 A 计权声压级 $L_{A,eq}$/最大声级 L_{max}）和测量工况（如运营车次频率、设备负荷等）以及测量的时段和测量的持续时间。

5 噪声控制设计流程

5.1 通风空调系统噪声传播三要素

噪声传播三要素包括噪声源、传播路径和接受点。噪声控制可以通过控制三要素实现，降低噪声源的声能量、在传播路径上增加消声（或吸声/隔声）措施等声能量衰减环节及使接受点远离噪声辐射范围。

地铁通风空调系统的噪声源包括正常运营工况下的风机、空调器（机组）、列车、冷却塔等。

地铁通风空调系统的传播路径，根据接受点的不同可以分为室内、室外两条路径。室内路径包括风管、风管弯头、分支管、房间风口等；室外路径包括风道/风亭、风道弯头、风亭风口及户外扩散传播等。如图 5-1 所示。

地铁通风空调系统的接受点分为室内、室外两种，室内接受点包括站台、站厅、车站各类功能房间（如主控室、控制室、会议室、休息室、办公室、电气设备用房、机房等）；室外接受点，根据不同的标准规范，分为噪声敏感建筑物和厂界。

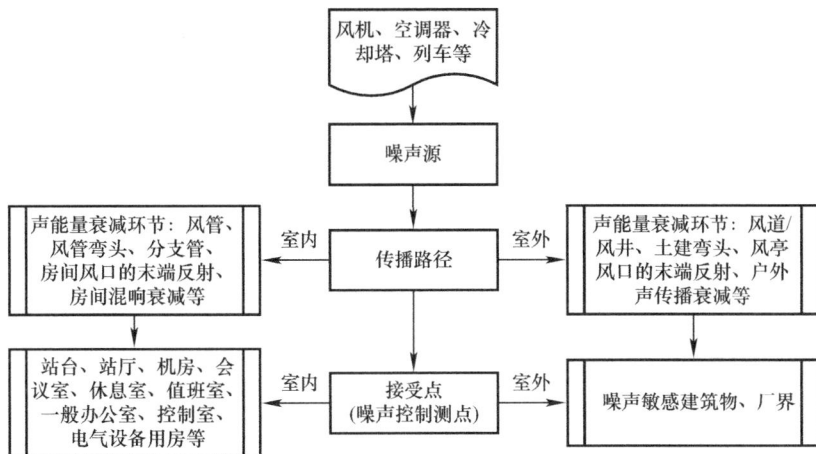

图 5-1 通风空调系统的噪声传播路径

5.2 噪声控制设计流程

地铁通风空调系统噪声控制设计流程如图 5-2 所示。

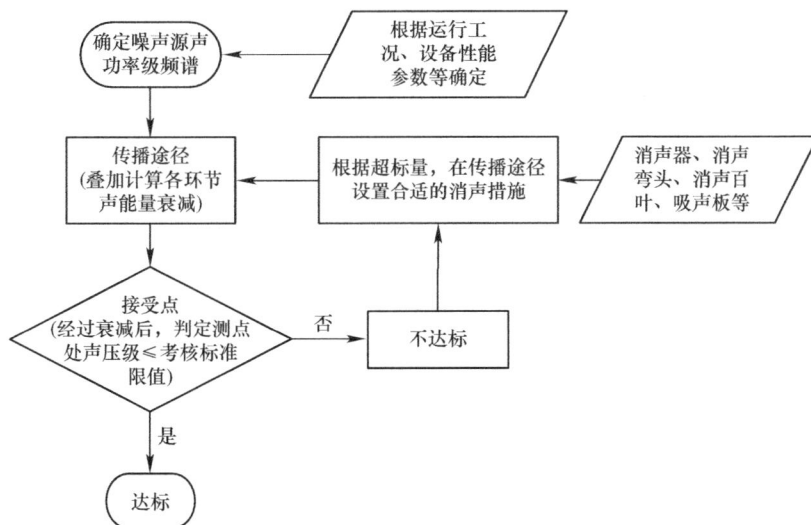

图 5-2 地铁通风空调系统噪声控制设计流程

第 1 步：确定噪声源倍频带声功率级。

噪声源倍频带声功率级，应由噪声源设备制造商提供，当尚未选定设备制造商或者选定的设备制造商无法提供时，可以根据 6.2 节、6.3 节估算噪声源的声功率级，若同一个传播路径上同时存在多个噪声源运行，应进行多个噪声源声功率级的叠加计算（详见 6.4 节）。

第2步：根据噪声源至接受点在通风空调系统的传播路径，叠加计算传播过程中各环节的声能量衰减量，预估接受点的各倍频带中心频率声压级及等效连续声压级。

噪声传播路径各环节声能量衰减的计算方法详见第7章。

第3步：根据第4章，确定接受点的控制目标限值，判定第2步预估的接受点声压级是否满足限值要求。

1）满足，则达标，不需要设置或增加消声措施；

2）不满足，则不达标，计算超标量，设置或增加消声措施。

第4步：根据上一步的超标量，确定降噪所需的插入损失，在传播途径上设置或增加合适的消声措施。

第5步：根据选定的消声措施性能参数（插入损失、气流再生噪声），重新进行第2步的计算，检查接受点的声压级是否满足噪声控制目标限值的要求。

第6步：当所选消声措施不能满足要求，再根据超标量调整消声措施的选型，重复进行第2步的计算，直至满足要求。

补充说明：

1）当不同类型、不同运行工况的噪声源设备（如列车和隧道风机）通过同一个传播路径（如活塞风道、活塞风亭）在不同运营时段对车站外环境传播时，在传播路径上设置的消声措施同时兼顾多种噪声源的消声降噪，应按照每种噪声源设备在各自的正常运行工况下进行第2步计算，选取的消声措施应保证接受点等效声级满足各个运行工况下的目标限值要求。

2）接受点同时受到不同方向辐射过来的声功率级（背景噪声除外）时，如风亭组的新风亭、排风亭及冷却塔噪声同时对外辐射至接受点，需要考虑三个方向噪声源的声功率级共同辐射至接受点的叠加值。若接受点处的叠加值超标，则对每一个方向噪声源进行第3步计算时，需要对控制目标限值进行修正，以保证接受点叠加值达标。

5.3 噪声控制设计所需资料

如表5-1所示。

表 5-1　设计所需资料

名称	工可阶段	初设阶段	施工图设计阶段
噪声源	列出噪声源设备种类： 1）列车； 2）隧道通风系统设备；	估算噪声源设备的数量和噪声指标［声功率级（估值或限值）］： 1）列车（运行轮轨声和动力、机电设备噪声）； 2）隧道风机；	确定所有噪声源设备的数量、型号规格和噪声指标（中心频率从63～8000Hz的倍频带声功率级频谱特性）

名称	工可阶段	初设阶段	施工图设计阶段
噪声源	3）车站通风空调系统设备； 4）水泵； 5）冷却塔； 6）其他机电设备（如有）	3）车站排热风机、回排风机、新/送风机、空调器（机组）； 4）水泵； 5）冷却塔； 6）其他机电设备（如有）。 注：当没有直接的声功率级资料时，有明确的测量环境下明确测点的倍频带声压级，可依据指南作粗略换算	确定所有噪声源设备的数量、型号规格和噪声指标（中心频率从 63～8000Hz 的倍频带声功率级频谱特性）
传播路径	绘制噪声源设备到噪声影响区域的系统图： 1）活塞风系统的通风系统图； 2）隧道通风系统的通风系统图； 3）车站通风空调系统的通风系统图； 4）水系统的系统图	绘制噪声源设备到每一个测点的传播路径系统图： 1）噪声源设备（列车、隧道风机、排热风机、回排风机、新风机、空调机组等）分别通过各类风道、风亭传播到厂界和噪声敏感建筑物的路径以及路径上的环节（如风道长度，风道弯头，风室，风亭形式，外环境描述等）； 2）噪声源设备（列车、隧道风机、排热风机）通过隧道传至站台的路径以及路径上的环节［如隧道尺寸及长度，屏蔽门、站台的几何形状和尺寸，混响时间（限值）等］； 3）噪声源设备（回排风机、新风机、空调机组等）通过风管传至站台（或站厅或站内设备管理用房）的路径以及路径上的环节［如风管尺寸及长度，分支管，风管弯头，站台或房间的几何形状和尺寸，混响时间（限值）等］； 4）冷却塔设备的几何形状和尺寸，外环境描述等	确定所有声源到每一个测点的传播路径并绘制施工图，细致表达： 1）确定通往室外的每个传播路径上的每个环节的信息和声能量衰减量（如风道尺寸及长度，风道弯头数量，风室尺寸，风亭形式及口部尺寸、朝向及至测点的距离，外环境的具体情况等）； 2）确定通往室内的每个传播路径上的每个环节的信息和声能量衰减量［如屏蔽门隔声量，风管尺寸及长度，风管弯头和分支管的数量和尺寸，各个支管上的风口几何尺寸、数量和分配风量、风速，站台或房间几何尺寸、混响时间（或吸声系数），背景噪声等］； 3）冷却塔设备的详细尺寸，进、出风口朝向，与各类风亭的间隔距离，外环境的具体情况等

名称	工可阶段	初设阶段	施工图设计阶段
接受点	列出噪声影响区域： 1）明确场界/厂界； 2）涉及的噪声敏感建筑物（居民住宅、学校、医院等）； 3）站内噪声控制区域（站台、站厅、功能房间等）	列出噪声敏感区域的类别和考核指标： 1）明确场界/厂界所属声功能区类别和噪声限值； 2）明确每个噪声敏感建筑物所属声功能区类别和噪声限值； 3）明确站内噪声控制区域（站台、站厅、功能房间等）的噪声限值； 4）明确站内噪声控制区域的混响时间（限值）； 5）明确噪声考核测量点位	完全确定噪声敏感区域的类别和考核指标： 1）确定场界/厂界每个测点的位置和考核指标； 2）确定每个噪声敏感建筑物外测点的位置和考核指标； 3）确定站内噪声控制区域（站台、站厅、功能房间等）测点的位置和考核指标

6 噪声源声功率

6.1 噪声源及其声功率级

地铁通风空调系统的噪声源主要有风机、空调机组、列车等。对通风空调系统进行噪声控制设计时，优先通过声源设备供应商获取设计工况下的声源声功率级。

声源声功率级采用倍频带声功率级表达。

6.2 风机声功率级计算方法

任何定型的风机，其噪声声功率级可用下列公式表达：

$$L_{wi} = K_{wi} + 10\lg(Q_A) + 20\lg(P) + BFI + C \tag{6-1}$$

式中：

L_{wi}——风机进口/出口对外辐射的倍频带声功率级，单位为分贝（dB）。

K_{wi}——风机进口/出口对外辐射的倍频带比声功率级，单位为分贝（dB）。

由风机的结构特性、制造质量等因素决定，由供应商提供或相关工程手册等资料获得。这些资料的数据信息由制造商通过实测确定，风机噪声测量标准有：

1)《风机与罗茨鼓风机噪声测量方法》GB/T 2888—2008；

2)《声学 风机和其他通风设备辐射入管道的声功率测定 管道法》GB/T 17697—2014；

3)《空调风机噪声声功率级测定　混响室法》JB/T 10504—2005。

Q_A——风量，单位为立方米每秒（m^3/s）。

P——风机静压，单位为帕斯卡（Pa）；

当风机的静压小于125Pa时，静压按125Pa进行计算。

BFI——叶旋频率增量；

离心风机取值为3，轴流风机取值为7。仅在叶旋频率 f_B 所在的倍频带（表3-1）增加。

C——风机效率调整系数。与效率有关，见表6-1。

$$f_B = \frac{RPM}{60} \times N \tag{6-2}$$

式中：

f_B——叶旋频率，单位为赫兹（Hz）；

RPM——风机转速，单位为每分钟转数；

N——风机叶轮的叶片片数。

注：计算方法引自 Malcolm J. Crocker 编写的〈Handbook of acoustics〉，第79章第2.5条。

表6-1　风机效率调整系数与静压效率关系表

静压效率（%）	90～100	85～89	75～84	65～74	55～64	50～54
风机效率调整系数（dB）	0	3	6	9	12	15

一台定型的风机，理论上，其指定工况下的比声功率级为定值。因此，根据式（6-1），如掌握一台风机在某个工况点的声功率级，就可估算该风机在其他工况（风量、风压和效率）的噪声声功率级。

根据多年来地铁项目的风机供应商所提供的地铁项目实际采用的各个品牌型号的风机性能参数，按上述原理进行分类分析统计，得到相对具有代表性的各类轴流风机以及空调机组（器）（离心风机）的倍频带比声功率级数据（表6-2），可用于地铁工程可行性分析阶段和初步设计阶段对噪声源的预估。

表6-2　风机从进口/出口对外辐射的倍频带比声功率级

风机类型	倍频带中心频率（Hz）								K_{wA}
	63	125	250	500	1k	2k	4k	8k	
	倍频带比声功率级（dB）								
离心风机	14	15	12	12	9	6	2	—4	14

风机类型	倍频带中心频率（Hz）								K_{wA}
	63	125	250	500	1k	2k	4k	8k	
	倍频带比声功率级（dB）								
轴流风机 （大小系统风机）	16	23	26	26	23	19	14	9	28
轴流风机 （隧道风机）	23	29	28	33	30	26	21	14	34

注：1 本表数据对应的风机工况为 $Q_A=1m^3/s$，$P=1Pa$；
　　2 本表数据是综合统计国内多家风机、空调机组（器）供应商及多个地铁项目具体风机的噪声数据，仅可用
　　　于当风机及空调机组供应商未确认或供应商无法提供对应风机、空调机组（器）声功率级参数时，用于通
　　　风空调系统的噪声估算。

若已知风机的整体声功率级，在计算风机从管道出风口或进风口辐射到下游或上游的声功率级时，应对风机的整体声功率级进行修正，修正值 -3dB。

6.3　隧道内行驶列车声功率级估算

列车以相同的速度在室外地面线路和地下隧道内行驶时，在距轨道相同距离的测点测得的隧道内的声级比地面线路的声级高，这是由于地下隧道两侧墙体对声波的反射形成混响声场，从而使隧道内的噪声级增加。即列车噪声对外辐射的声能量会随着隧道的结构、表面粗糙程度的不同而发生改变。

因此，轨道交通项目中，当计算列车噪声对活塞风亭外声环境的贡献时，需要考虑的是列车噪声从隧道（利用活塞效应通风）到活塞风亭外的声能量。在隧道与活塞风道交接处，该断面的声能量不仅包括列车行驶经过时对外辐射的声能量，还包括声波经隧道和活塞风道四周墙体等各方向反射的声能量叠加影响（图 6-1）。

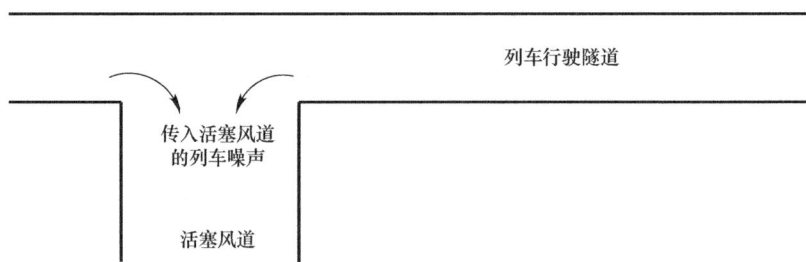

图 6-1　列车噪声传播示意

忽略其他因素的影响下，在活塞风孔（或活塞风阀）处测量的声压级转换成声功率级

的计算可以近似地采用下式进行换算：

$$L_w = L_p + 10\lg(S) \tag{6-3}$$

式中：

L_w——声功率级，单位为分贝（dB）；

L_p——声压级，列车行驶隧道与活塞风道交界的横截面处的平均声压级，单位为分贝（dB）；

S——列车行驶隧道与活塞风道交界的横截面面积，单位为平方米（m²），如活塞风阀的面积或活塞风道的断面积等，应根据车站施工图纸或现场测点位置实际尺寸研究确定。

根据《环境影响评价技术导则　城市轨道交通》HJ 453—2018，在地面匀速直线运行状态时，列车轮轨噪声与车速关系如下式：

$$L_{w_1} = L_{w_2} + 30\lg\left(\frac{v_1}{v_2}\right) \tag{6-4}$$

式中：

L_{w_1}、L_{w_2}——分别为列车速度在 v_1、v_2 时的声功率级，单位为分贝（dB）。

通过收集不同地铁项目对列车噪声在隧道内的测量数据，按上述原理进行分析换算，得到有代表性的地铁列车对外辐射的声功率级（表 6-3）。

表 6-3　地铁列车对外辐射的声功率级

序号	列车类型	运行速度	倍频带中心频率（Hz）								L_{wA}
			63	125	250	500	1k	2k	4k	8k	
			声功率级（dB）								
1	长 140m，六节	160km/h	112	116	121	126	122	112	104	96	126
2	长 140m，六节	120km/h	109	112	117	122	119	108	100	92	122
3	长 140m，六节	80km/h	103	107	112	117	113	103	95	87	117
4	长 140m，六节	60km/h	100	103	108	113	109	99	91	83	113
5	长 140m，六节	30km/h	91	94	99	104	100	90	82	74	104

注：本表数据源自广州地铁 2 号线的现场测量。

此外，已知某一具体列车声功率时，相同列车类型在不同长度条件下的声功率级，可按下式计算：

$$L_{w_1} = L_{w_2} + 10\lg\left(\frac{l_1}{l_2}\right) \tag{6-5}$$

式中：

L_{w_1}、L_{w_2}——分别为列车长度在 l_1、l_2 时的声功率级，单位为分贝（dB）。

6.4 多个声源声功率级/声压级叠加计算方法

地铁通风空调系统室外的风亭噪声，通常一个风亭排放的噪声来源于多台风机或空调机组，而风亭外噪声控制区的声压级又由不同的风亭、冷却塔等多处噪声源的共同作用。无论是多个声源同时作用的总声功率级，还是控制区测点由多处声源共同贡献的总声压级，其计算方法都遵循"分贝"的叠加计算方法。

6.4.1 两个分贝值的叠加

两个分贝值叠加的总分贝值可按下式计算：

$$L_{总}＝L_g＋\Delta\beta \tag{6-6}$$

$$\Delta\beta＝10\lg[1＋10^{(-0.1×\Delta L)}] \tag{6-7}$$

式中：

$L_{总}$——叠加后的总分贝值，单位为分贝（dB）；

L_g——两个分贝值中数值大的分贝值，单位为分贝（dB）；

$\Delta\beta$——附加值，按式（6-7）计算；

ΔL——两个分贝值的差值（绝对值），单位为分贝（dB）。

根据式（6-7），可得到声级附加值（表6-4），通过查表并结合式（6-7）计算两个分贝值叠加后的总分贝值。

表 6-4　两个分贝值叠加的附加值

ΔL (dB)	0.0	0.5	1.0	1.5	2.0	2.5	3.0	3.5	4.0	4.5	5.0	5.5	6.0	6.5	7.0	7.5	8.0	9.0	10.0
$\Delta\beta$ (dB)	3.0	2.8	2.5	2.3	2.1	1.9	1.8	1.6	1.5	1.3	1.2	1.1	1.0	0.9	0.8	0.7	0.6	0.5	0.4

6.4.2 多个分贝值的叠加

多个分贝值叠加的总分贝值可按下式计算：

$$L_{总}＝10\lg\left[\sum_{i}^{n}\left(10^{\frac{L_i}{10}}\right)\right] \tag{6-8}$$

式中：

$L_{总}$——多个分贝值叠加后的总分贝值，单位为分贝（dB）；

L_i——某单个分贝值，单位为分贝（dB）；

n——分贝值的个数。

6.4.3 计算示例

地铁风亭常以风亭组（包含冷却塔等）的形式布置，控制区测点同时受风亭组内多个风亭（冷却塔）的噪声影响。测点总声压级为各个风亭（冷却塔）分别辐射至该点处的声压级叠加的结果。如图 6-2，某车站地面风亭组，新风亭传至住宅楼前 1 米测点声压级 46dB（A），排风亭传至该测点声压级 48dB（A），活塞风亭传至该测点处声压级 50dB（A），冷却塔噪声传至该测点处声压级 51dB(A)。则，该风亭组整体辐射到测点的总声压级为：

1）采用式（6-6）：

$$L_总＝51＋2.5＋1.1＋0.6≈55dB(A)$$

注：本节在单位"dB"后面加"（A）"，为 A 计权的标注。下同，特此说明。

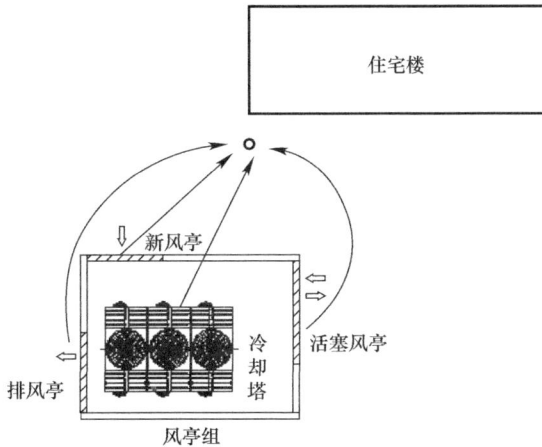

图 6-2 地面风亭组与测点示意图

采用式（6-6）计算时，先找出最大值 L_g，再找出与 L_g 最接近的值算出二者的差值，查表 6-4 得到 $\Delta\beta_1$，算出第 1 个 $L_总$ 后，再用 $L_总$ 与剩余的其它分贝值逐个对比查表找出 $\Delta\beta_2\Delta\beta_3$……，每一次对比采用的最大值必须是叠加 $\sum\Delta\beta_i$ 后的 $L_总$。

2）采用式（6-8）：

$$L_总＝10\lg\left(10^{\frac{46}{10}}＋10^{\frac{48}{10}}＋10^{\frac{50}{10}}＋10^{\frac{51}{10}}\right)＝55dB(A)$$

采用两种计算公式，得到的总声压级相同。对于多个声源噪声的叠加计算，优先推荐采用式（6-8）进行计算。

7 传播途径的影响

7.1 风道、风管、弯头、分支管等传播衰减

7.1.1 传声损失

1）混凝土风道

地铁风道大部分可视为"光滑混凝土风道"，根据光滑混凝土风道的吸声系数，可以推算出沿风道长度倍频带的单位长度声衰减量，详见表 7-1。

表 7-1　混凝土风道的传声损失

倍频带中心频率（Hz）								总传声损失（dB/m）
63	125	250	500	1k	2k	4k	8k	
传声损失（dB/m）								
0.14	0.16	0.12	0.14	0.2	0.28	0.36	0.56	0.18

注：1 计算传播衰减时，应尽可能采用倍频带频谱值进行计算；

2 表格中"总传声损失"是根据轴流式风机的声功率级频谱特性，把各倍频带传声损失代入计算后估算得到；不同风机类型，如离心风机，其声功率级频谱特性不同，则总传声损失值略有差异。

2）薄钢板风管

有吸声衬里的薄钢板风管的传声损失见表 7-2，无吸声衬里的薄钢板风管的传声损失见表 7-3。

表 7-2　有吸声衬里的薄钢板风管的传声损失

风管小边尺寸 b（mm）	倍频带中心频率（Hz）								总传声损失（dB/m）
	63	125	250	500	1k	2k	4k	8k	
	传声损失（dB/m）								
$b \leqslant 300$	0.7	0.9	1.5	3.0	12	6.6	6	1.6	3.0
$300 < b \leqslant 450$	0.5	0.7	1.1	1.8	7.1	2.1	1.9	0.6	2.0
$450 < b \leqslant 750$	0.4	0.4	0.7	1.2	1.7	0.5	0.6	0.3	1.1
$750 < b \leqslant 1050$	0.3	0.2	0.5	0.9	0.5	0.3	0.1	0.1	0.6
$1050 < b \leqslant 3000$	0.2	0.2	0.3	0.3	0.1	0.1	0.1	0.1	0.1
$3000 < b$	0	0	0	0	0	0	0	0	0

注：1 计算传播衰减时，应尽可能采用倍频带频谱值进行计算；

2 表格中"总传声损失"是根据轴流式风机的声功率级频谱特性，把各倍频带传声损失代入计算后估算得到；不同风机类型，如离心风机，其声功率级频谱特性不同，则总传声损失值略有差异。

表 7-3　无吸声衬里的薄钢板风管的传声损失

风管小边尺寸 b （mm）	倍频带中心频率（Hz）								总传声损失 （dB/m）
	63	125	250	500	1k	2k	4k	8k	
	传声损失（dB/m）								
$b \leqslant 200$	0.60	0.60	0.45	0.30	0.30	0.30	0.30	0.30	0.30
$200 < b \leqslant 400$	0.60	0.60	0.45	0.30	0.20	0.20	0.20	0.20	0.20
$400 < b \leqslant 800$	0.60	0.60	0.30	0.15	0.15	0.15	0.15	0.15	0.15
$800 < b$	0.45	0.30	0.15	0.10	0.06	0.06	0.06	0.06	0.06

注：1 计算传播衰减时，应尽可能采用倍频带频谱值进行计算；

2 表格中"总传声损失"是根据轴流风机的声功率级频谱特性，把各倍频带传声损失代入计算后估算得到；不同风机类型，如离心风机，其声功率级频谱特性不同，则总传声损失值略有差异。

3）弯头

无吸声衬里的薄钢板风管弯头或支管接头的传声损失见表 7-4，有吸声衬里的矩形薄钢板风管弯头的传声损失见表 7-5。

表 7-4　无吸声衬里的薄钢板风管弯头或支管接头的传声损失

风管/风道直径/小边尺寸 b （mm）	倍频带中心频率（Hz）								总传声损失 （dB/个）
	63	125	250	500	1k	2k	4k	8k	
	传声损失（dB/个）								
$b \leqslant 200$	0～0	0～0	0～0	0～0	1～6	2～8	3～4	3～3	2～3
$200 < b \leqslant 400$	0～0	0～0	0～0	1～6	2～6	3～4	3～3	3～3	2～3
$400 < b \leqslant 800$	0～0	0～0	1～6	2～8	3～4	3～3	3～3	3～3	3～4
$800 < b$	0～0	1～6	2～8	3～4	3～3	3～3	3～3	3～3	3～4
大尺寸土建风道弯头	1	2	2	2	2	2	3	3	2

注：1 两个数值的使用情况：圆弧弯头或矩形有导流片弯头使用第一个数值；矩形无导流片弯头或支管接头使用第二个数值；

2 计算传播衰减时，应尽可能采用倍频带频谱值进行计算；

3 表格中"总传声损失"是根据轴流风机的声功率级频谱特性，把各倍频带传声损失代入计算后估算得到；不同风机类型，如离心风机，其声功率级频谱特性不同，则总传声损失值略有差异。

表 7-5　有吸声衬里的矩形薄钢板风管弯头的传声损失

风管小边尺寸 b （mm）	倍频带中心频率（Hz）								总传声损失 （dB/个）
	63	125	250	500	1k	2k	4k	8k	
	传声损失（dB/个）								
$b < 150$	0	0	0	1	5	7	5	3	3
$150 \leqslant b < 300$	0	1	2	5	8	11	11	8	7
$300 \leqslant b < 450$	0	1	3	5	12	15	15	12	9

风管小边尺寸 b (mm)	倍频带中心频率（Hz）								总传声损失 (dB/个)
	63	125	250	500	1k	2k	4k	8k	
	传声损失（dB/个）								
450≤b<600	0	1	3	9	13	18	18	15	10
600≤b	1	5	8	10	17	25	25	18	14

注：1 计算传播衰减时，应尽可能采用倍频带频谱值进行计算；

2 表格中"总传声损失"是根据轴流风机的声功率级频谱特性，把各倍频带传声损失代入计算后估算得到；不同风机类型，如离心风机，其声功率级频谱特性不同，则总传声损失值略有差异。

4）风管分支的传声损失

当管道中设管道分叉时，其声能量按支管的断面积比例（或风量比例）分配声能量。从任一支管道往其下游透射的声功率级与主管道入射的声功率级的差值，也可以用传声损失（TL）来描述。

$$TL = 10 \times \lg\left(\frac{V_1}{V_2}\right) \quad 或 \quad TL = 10 \times \lg\left(\frac{S_1}{S_2}\right) \tag{7-1}$$

式中：

TL——风管分支的传声损失，单位为分贝（dB）；

V_1——某一分支管流量，单位为立方米每秒（m³/s）；

V_2——主管流量，单位为立方米每秒（m³/s）；

S_1——某一分支管断面面积，单位为平方米（m²）；

S_2——分叉处所有分支管的断面面积，单位为平方米（m²）。

7.1.2 风道/风管/弯头的气流噪声声功率级

$$L_w = C + 10 \times \lg(S) + 60 \times \lg(v) \tag{7-2}$$

式中：

L_w——构件（风道/风管/弯头）的气流噪声声功率级，空气在构件内流动产生的噪声，单位为分贝（dB）；

C——取决于接头及紊流的常数，不同管道接头的常数 C 取值见表 7-6，参考《注册建筑设备工程师手册》【英】CIBSE（英国注册建筑设备工程师学会）编著；

S——气流经过构件最小截面的截面积，单位为平方米（m²）；

v——气流经过构件内最小截面对应的风速，单位为米每秒（m/s）。

不同构件气流噪声声功率级 L_w，通过查表 7-6，代入式（7-2）计算得到，再叠加倍频带气流噪声声功率级修正值（表 7-7）后，可以得到每个倍频带对应的倍频带声功

率级 $L_{w,i}$。

表 7-6　不同管道接头的常数 C 取值

序号	构件类型	C 值（dB）
1	无吸声衬里的矩形薄钢板风管*	−10
2	有导流片的矩形薄钢板风管弯头*	10
3	矩形无导流片薄风板弯头或支管接头*	0
4	有吸声衬里的薄钢板风管	−10
5	有吸声衬里的矩形薄钢板风管弯头	0
6	光滑混凝土建筑风道弯头	0
7	光滑混凝土建筑风道	−10

注：表中标 * 的数据引自《注册建筑设备工程师手册》【英】CIBSE（英国注册建筑设备工程师学会）编著）表 B11-5。其他构件的 C 值根据工程实际测量数据归纳总结，倍频带修正值参考《注册建筑设备工程师手册》估算。

表 7-7　不同频带的气流噪声声功率级修正值

倍频带中心频率（Hz）							
63	125	250	500	1k	2k	4k	8k
倍频带中心频率气流噪声声功率级修正值（dB）							
−2	−2	−7	−8	−10	−12	−15	−19

7.2　风口的传播衰减

7.2.1　传声损失

各类风口传声损失很小，可忽略不计。

7.2.2　风口末端的反射损失

$$D_{td}=10\times\lg\left[1+\left(\frac{c}{4\times\pi\times f}\right)^2\times\frac{\Omega}{S}\right] \tag{7-3}$$

式中：

D_{td}——风口末端的反射损失，单位为分贝（dB）；

　c——空气中的声速，单位为米每秒（m/s）；声速与空气中的大气压强、温度有关，在一个标准大气压下，15℃时，$c=340\text{m/s}$；

S——风管末端风口处的截面积，单位为平方米（m^2）；

Ω——风管末端声辐射的立体角（表7-8、图7-1）；

f——噪声的频率，单位为赫兹（Hz）；倍频带的反射损失计算用倍频带中心频率。

表 7-8 风管末端风口位置与 Ω 的关系

风口名称	位置描述	Ω
A	除风口安装面外，距其他反射壁面大于 1m	2π
B	除风口安装面外，另有一个反射壁面的距离小于 1m	π
C	风口位于房间中央、突出部分	4π
D	除风口安装面外，距其他反射壁面大于 1m	2π
E	风口位于房间中央、突出部分	4π
F	除风口安装面外，另有两个反射壁面的距离小于 1m	$\pi/2$

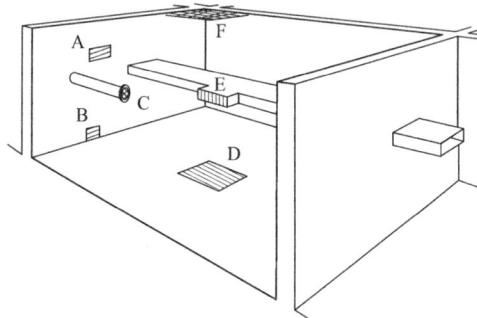

图 7-1 风管末端风口位置示意图

7.2.3 风口的气流噪声声功率级

各种类型的风口、风阀及管件，由于其结构形式不同，在相同条件下，气流通过时产生的气流噪声也不同。在各种类型的风口（如格栅、散流器）内，空气流动产生的气流噪声声功率级应由制造商直接提供。

在缺少制造商的测试数据时，可以通过式（7-2）估算气流噪声声功率级，常数 C 的取值与风口类型相关。参考《注册建筑设备工程师手册》（【英】CIBSE（英国注册建筑设备工程师学会）编著），格栅和散流器对应的 C 值分别为 17、32。

1）格栅 $\qquad L_{\mathrm{w}}=17+10\times\lg(S)+60\times\lg(v)$ （7-4）

2）散流器 $\qquad L_{\mathrm{w}}=32+13\times\lg(S)+60\times\lg(v)$ （7-5）

式中：

L_{w}——风口的气流噪声声功率级，单位为分贝（dB）；

v——气流经过风口最小截面对应的风速，单位为米每秒（m/s）；

S——气流经过风口最小截面的截面积，单位为平方米（m²）。

注：本指南中格栅指的是叶片可调式风口，散流器指的是约45°斜叶片式风口。

如果格栅的叶片开度较大，式（7-4）中的常数 C 要由17增大至21（根据叶片的角度调整逐渐增大）。在式（7-4）及式（7-5）计算格栅和散流器的气流噪声声功率级的基础上，结合表7-9给出的修正值，可以确定其相应的倍频带气流噪声声功率级。

表 7-9　格栅和散流器的倍频带气流噪声声功率级的修正值

$\dfrac{\sqrt{S}}{v}$ (s)	倍频带中心频率（Hz）							
	63	125	250	500	1k	2k	4k	8k
	倍频带声功率级的修正值（dB）							
0.01	−12	−10	−8	−7	−6	−6	−7	−12
0.02	−10	−8	−7	−6	−6	−7	−12	−21
0.04	−8	−7	−6	−6	−7	−12	−21	−30
0.06	−7	−6	−5	−10	−17	−26	−35
0.08	−6	−6	−6	−7	−12	−21	−30	−40
0.10	−4	−5	−6	−8	−15	−24	−33	−43

注：表中数据引自《注册建筑设备工程师手册》【英】CIBSE（英国注册建筑设备工程师学会）编著 表B11-6。

7.3　风室（或静压箱）的传播衰减

风室（或静压箱）如图7-2所示。

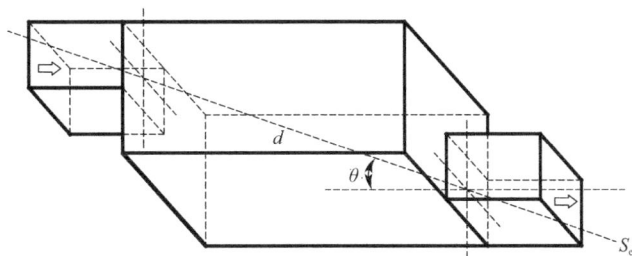

图 7-2　风室（或静压箱）示意图

$$TL = 10 \times \lg\left[S_c \times \left(\frac{\cos(\theta)}{2 \times \pi \times d^2} + \frac{1-\alpha}{\alpha \times S_w} \right) \right]^{-1} \qquad (7\text{-}6)$$

式中：

TL——风室（静压箱）的传声损失，单位为分贝（dB）；

S_e——出口面积，单位为平方米（m²）；

θ——出口方向与风室的进口、出口之间的连线夹角，单位为度（°）；

d——风室的进口、出口之间的距离，单位为米（m）；

α——风室内表面吸声系数，无量纲；风室如果是混凝土表面，则可以用表7-14；风室如果采取了吸声措施，则应用吸声措施的吸声系数；

S_w——风室表面积，单位为平方米（m²）。

7.4 房间内测点声压级计算

地铁通风空调系统的噪声经房间风口辐射入房间内，房间测点处的声压级由直达声和混响声构成。由声源直接辐射至测点的为直达声。经过壁面一次或多次反射后到达测点的反射声形成的为混响声。

7.4.1 直达声

房间内单个风口声功率级辐射至测点的直达声对应的倍频带声压级 $L_{pd,i}$ 为：

$$L_{pd,i}=L_{w,i}+10\times\lg\left(\frac{Q_i}{4\times\pi\times r^2}\right)=L_{w,i}+10\times\lg(Q_i)+10\times\lg\left(\frac{1}{4\times\pi\times r^2}\right) \tag{7-7}$$

$$L_{pd,i}=L_{w,i}+\delta_i-10\times\lg(4\times\pi\times r^2) \tag{7-7a}$$

$$L_{pd,A}=10\lg\left[\sum_{i=1}^{8}10^{\frac{(L_{pd,i}-\Delta L_i)}{10}}\right] \tag{7-8}$$

式中：

$L_{pd,A}$——房间内单个风口辐射至测点的直达声 A 计权声压级，单位为分贝（dB）；

$L_{pd,i}$——房间内单个风口辐射至测点的直达声倍频带声压级，单位为分贝（dB）；

ΔL_i——第 i 个倍频带的 A 计权网络修正值，查表3-2，单位为分贝（dB）；

$L_{w,i}$——房间内单个风口对外辐射的倍频带声功率级，单位为分贝（dB）；

Q_i——倍频带指向性系数；噪声从风口辐射至房间内，可以把风口视为面声源，面声源的指向性系数，与风口的几何尺寸及在房间内的位置相关；

δ_i——与声波频率所处的倍频带、风口的安装位置和风口面积综合相关的指向性增量；结合表7-10和图7-3，可以查出不同风口位置、不同风口面积的倍频带指向性的增量 $\delta_i=10\times\lg(Q_i)$；

r——房间风口与测点的距离，单位为米（m）。

当房间内存在 2 个及以上风口时，如果把每个风口看成一个声源点，在同一个测点处，需要对多个风口（声源）辐射至测点的直达声声压级进行叠加估算。

$$L_{\mathrm{pd},i总} = L_{\mathrm{w},i} + \delta_i + 10 \times \lg\left(\frac{1}{4 \times \pi}\right) + 10 \times \lg\left(\sum_{n=1}^{N} \frac{1}{r_n^2}\right) \quad (7\text{-}9)$$

$$L_{\mathrm{pd},\mathrm{A}总} = 10 \times \lg\left[\sum_{i=1}^{8} 10^{\frac{L_{\mathrm{pd},i总} - \Delta L_i}{10}}\right] \quad (7\text{-}10)$$

式中：

$L_{\mathrm{pd},\mathrm{A}总}$——多个风口辐射至同一个测点处的直达声 A 计权声压级叠加总和，单位为分贝（dB）；

$L_{\mathrm{pd},i总}$——多个风口辐射至同一个测点处的直达声倍频带声压级叠加总和，单位为分贝（dB）；

r_n——第 n 个风口辐射至测点的距离，单位为米（m）；

N——房间内风口总数量。

如果把每个风口（声源）辐射入房间的声功率级看作是相同的，由式（7-7）可知，声功率级相同时，在同一个测点接受每个风口的直达声声压级大小只与距离 r 的平方成反比，r 越小，直达声声压级越大。

对于同一个测点而言，当远处的一个风口到测点的距离与最近处的风口到测点的距离之比大于 0.17 时，其平方倒数小于 0.1，该远处风口辐射至测点的直达声对测点的贡献与最近处的风口辐射到测点的贡献相比可以忽略不计；否则，根据式（7-9）、式（7-10）进行声压级叠加计算。

表 7-10　声源指向性系数

声源辐射入房间的位置	对应风口位置图（图 7-3）	声源指向性系数
房间中央	G：风口位于房间中央、突出部分（图中未展示）	≈1
地面（或侧墙、平顶）中心	H：除风口安装面外，距其他反射壁面大于1m	≈2
棱线（如地面与墙交线）中心	I：除风口安装面外，另有一个反射壁面的距离小于1m	≈4
房间角隅附近	J：除风口安装面外，另有两个反射壁面的距离小于1m	8

指向性增量 δ_i 是相对于各向同性的点声源而言的。点声源各向同性，其声能对外辐射，在各个方向是均匀的，指向性系数 $Q_i = 1$。风口与理想点声源有些差别，尺寸越大，差别越大。同时，在室内安装位置不同，其周围的反射面的距离不同，都会导致其声能对外辐射时在各个方向不同，其指向性差异，还与频率相关，频率越高，指向性越强，越不均匀。表 7-11 给出了 I 类风口倍频带指向性增量 δ_i 的值，能满足工程级的准确度需要。表 7-12 给出了 H 类风口倍频带指向性增量 δ_i 的值。

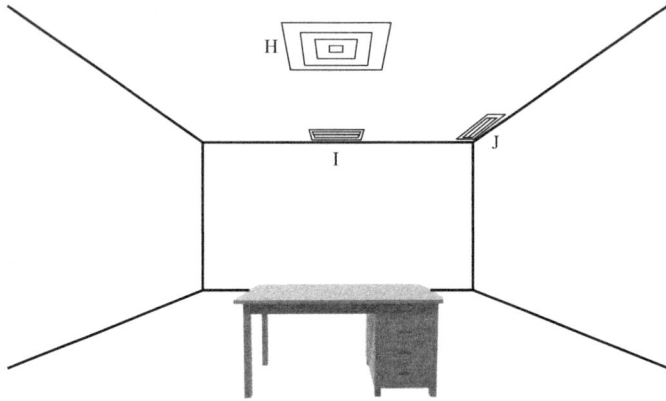

图 7-3　车站房间风口位置示意图

注：地铁车站房间风口的布置如图所示，对应表 7-3 中的 H/I/J。

1）除风口安装面外，另有两个反射壁面的距离小于 1m，见图 7-3 中的 J。

无论风口大小，各倍频带均为 9dB。这是对应表 7-10 中的 J，指向性系数 Q_i 为 8，

$$\delta_i = 10 \times \lg(Q_i) = 9 \text{dB}$$

2）除风口安装面外，另有一个反射壁面的距离小于 1m，图 7-3 中的 I。

表 7-11　风口位置为 I 时的倍频带指向性增量 δ_i

风口面积 S (m^2)	倍频带中心频率（Hz）							
	63	125	250	500	1k	2k	4k	8k
$S<0.01$	5	5	6	6	7	7	7	8
$0.01 \leqslant S < 0.02$	6	6	6	7	7	8	8	8
$0.02 \leqslant S < 0.05$	6	7	7	7	8	8	9	9
$0.05 \leqslant S < 0.1$	7	7	7	8	8	9	9	9
$0.1 \leqslant S < 0.25$	7	7	8	8	9	9	9	9
$0.25 \leqslant S < 0.5$	7	8	8	8	9	9	9	9
$S \geqslant 0.5$	8	8	8	8	9	9	9	9

3）除风口安装面外无其他壁面（或距反射壁面距离大于 1m），图 7-3 中的 H。

表 7-12　风口位置为 H 时的倍频带指向性增量 δ_i

风口面积 S (m^2)	倍频带中心频率（Hz）							
	63	125	250	500	1k	2k	4k	8k
$S<0.01$	3	3	3	4	5	6	7	8
$0.01 \leqslant S < 0.05$	3	3	4	5	6	7	8	8
$0.05 \leqslant S < 0.1$	3	4	5	6	7	8	8	9

风口面积 S	倍频带中心频率（Hz）							
（m^2）	63	125	250	500	1k	2k	4k	8k
$0.1{\leqslant}S{<}0.5$	4	5	6	7	8	9	9	9
$0.5{\leqslant}S{<}1$	5	6	7	8	9	9	9	9
$1{\leqslant}S{<}10$	5	7	8	9	9	9	9	9
$S{\geqslant}10$	7	8	8	9	9	9	9	9

4）风口位于大尺度室内空间中央、突出部分（G 类风口），如机场候机厅。其 δ_i 参见表 7-13。

表 7-13　风口位置为 G 时的倍频带指向性增量 δ_i

风口面积 S	倍频带中心频率（Hz）							
（m^2）	63	125	250	500	1k	2k	4k	8k
$S{<}0.01$	0	0	0	0	1	2	4	5
$0.01{\leqslant}S{<}0.02$	0	0	1	2	3	4	5	5
$0.02{\leqslant}S{<}0.05$	0	0	1	3	4	5	5	5
$0.05{\leqslant}S{<}0.1$	0	1	2	3	4	5	5	6
$0.1{\leqslant}S{<}0.5$	1	2	3	4	5	6	6	6
$0.5{\leqslant}S{<}1$	2	3	4	5	6	6	6	6
$1{\leqslant}S{<}10$	2	4	5	6	6	6	6	6
$S{\geqslant}10$	4	5	5	6	6	6	6	6

5）设计者确定无指向性的风口和安装形式

无论风口大小，各倍频带的指向性系数的增量为 0。例如，置于室外开阔地带的敞口风亭。

7.4.2　混响声

房间内单个风口声功率级辐射至房间的混响声对应的倍频带声压级 $L_{\mathrm{pR},i}$ 为：

$$L_{\mathrm{pR},i}=L_{\mathrm{w},i}+10\times\lg\left(\frac{4}{R_i}\right) \tag{7-11}$$

$$L_{\mathrm{pR.A}}=10\lg\left[\sum_{i=1}^{8}10^{\frac{(L_{\mathrm{pR},i}-\Delta L_i)}{10}}\right] \tag{7-12}$$

式中：

$L_{\mathrm{pR.A}}$——房间内单个风口辐射至房间的混响声 A 计权声压级，单位为分贝（dB）；

$L_{pR,i}$——房间内单个风口辐射至房间的混响声倍频带声压级，单位为分贝（dB）；

R_i——倍频带房间常数，与房间内总表面积及房间内表面的倍频带平均吸声系数有关，单位为平方米（m^2）。

$$R_i = \frac{S \times \overline{\alpha}_i}{1 - \overline{\alpha}_i} \tag{7-13}$$

式中：

R_i——倍频带房间常数，单位为平方米（m^2）；

$\overline{\alpha}_i$——倍频带平均吸声系数，无量纲；

S——房间内总表面积，单位为平方米（m^2）。

当房间内存在 2 个及以上风口时，需要考虑房间内所有风口作用下的混响效应，对多个风口辐射至房间的混响声声压级进行叠加计算。估算时，每个风口（声源）辐射入房间的声功率级可以看作是相同的，则由式（7-11）可知，每个风口辐射至房间的混响声声压级相等，多个混响声声压级的叠加计算如下：

$$L_{pR,i总} = L_{pR,i} + 10 \times \lg(N) \tag{7-14}$$

$$L_{pR,A总} = L_{pR,A} + 10 \times \lg(N) \tag{7-15}$$

式中：

$L_{pR,A总}$——多个风口辐射至同一个房间的混响声 A 计权声压级叠加总和，单位为分贝（dB）；

$L_{pR,i总}$——多个风口辐射至同一个房间的混响声倍频带声压级叠加总和，单位为分贝（dB）；

N——房间内风口总数量，单位为个。

房间常数 R 是反映房间内混响声场声学特性的重要参数，由式（7-13）可知，房间常数 R 与房间内总表面积 S 及房间内表面的平均吸声系数 $\overline{\alpha}$ 相关。

由式（7-16）赛宾公式可知，通过测量房间的混响时间 T_{60}，可以推算得到房间等效吸声面积及平均吸声系数 $\overline{\alpha}$。

$$T_{60} = \frac{0.163 \times V}{A} = \frac{0.163 \times V}{\overline{\alpha} \times S} \tag{7-16}$$

式中：

T_{60}——混响时间，单位为秒（s）；

注：《城市轨道交通车站站台声学要求和测量方法》GB 14227—2006 规定，地铁和轻轨车站站台上 500Hz 倍频程中心频率混响时间的最大容许限值为1.5s。当站台混响时间测量值超过最大容许限值时，应通过增加房间内各表面（站台上的墙、地面和顶面）的等效吸声面积，即增加平均吸声系数，以

使站台混响时间不超过最大容许限值的要求。

V——房间体积，单位为立方米（m^3）；

A——房间等效吸声面积，$A=\bar{\alpha}\times S$，单位为平方米（m^2）；

S——房间内总表面积，单位为平方米（m^2）；

$\bar{\alpha}$——房间内表面的平均吸声系数，无量纲。

计算地铁车站各类用房的房间常数时，房间内表面材料通常选择"粗糙混凝土表面""光滑混凝土表面"两种类型，对应的房间表面平均吸声系数见表7-14。如果采用其他材料，按其他材料的吸声系数计算。

表 7-14　房间表面平均吸声系数

房间表面材料	倍频带中心频率（Hz）							
	63	125	250	500	1k	2k	4k	8k
粗糙混凝土表面	0.20	0.36	0.44	0.31	0.29	0.39	0.25	0.20
光滑混凝土表面	0.10	0.10	0.05	0.06	0.07	0.09	0.08	0.07

注：房间表面的平均吸声系数为混响室法吸声系数。

7.4.3　总声压级

把房间内的直达声与混响声叠加，可以得到测点总的倍频带声压级：

$$L_{\mathrm{p},i}=10\times\lg\left(10^{\frac{L_{\mathrm{pd},i总}}{10}}+10^{\frac{L_{\mathrm{pR},i总}}{10}}\right) \tag{7-17}$$

式中：

$L_{\mathrm{p},i}$——房间内测点的倍频带声压级，单位为分贝（dB）；

$L_{\mathrm{pd},i总}$——多个风口辐射至同一个测点处的直达声倍频带声压级叠加总和，单位为分贝（dB）；

$L_{\mathrm{pR},i总}$——多个风口辐射至房间的混响声倍频带声压级叠加总和，单位为分贝（dB）。

房间内测点总声场的 A 计权声压级：

$$L_{\mathrm{p,A}}=10\times\lg\left(10^{\frac{L_{\mathrm{pd,A总}}}{10}}+10^{\frac{L_{\mathrm{pR,A总}}}{10}}\right) \tag{7-18}$$

7.5　站台测点声压级计算

根据不同的环控系统运行工况，对地铁站台有贡献的噪声来源有两种途径：

1）由送/排风口辐射入站台，如车站通风空调大系统；

2）经行车隧道与站台之间的屏蔽门透射入站台，如车站排热系统、隧道通风系统。

噪声源不同，辐射至站台测点的声压级亦不同，需要根据噪声源类型，分别计算站台测点的声压级。

7.5.1　车站通风空调大系统

在正常运行工况下，车站通风空调大系统的噪声经站台风口辐射入站台内，站台测点的总声压级计算参见 7.4 节。

7.5.2　车站排热系统

在正常运行工况下，车站排热系统的噪声传至行车隧道后由屏蔽门透射入站台内的噪声。

针对这两种工况下，站台内测点的总声压级计算需要分两步：

第一步，计算声源声功率级传至行车隧道内总声场的声压级（传至行车隧道内的直达声及隧道内的混响声之和）。

如果把行车隧道看成一个房间，房间长度取车站内有效站台起点至有效站台终点的距离，按照式（7-7）、式（7-11）及式（7-17）的计算，噪声源传至行车隧道内总声场的倍频带声压级计算见式（7-19）：

$$L_{\mathrm{p1},i} = L_{\mathrm{w},i} + 10 \times \lg \left[\frac{Q_i}{4 \times \pi} \cdot \left(\sum_{n=1}^{N} \frac{1}{r_n^2} \right) + \frac{4}{R_i} \times N \right] \tag{7-19}$$

式中：

$L_{\mathrm{p1},i}$——行车隧道内总声场的倍频带声压级，单位为分贝（dB）；

$L_{\mathrm{w},i}$——由隧道风口辐射入行车隧道内的倍频带声功率级，单位为分贝（dB）；

Q_i——倍频带指向性系数，噪声从风口辐射至房间内，可以把风口视为面声源，面声源的指向性系数，与风口的几何尺寸及在房间内的位置相关；结合表 7-10，可以查出不同风口位置、不同风口面积的倍频带指向性增量 δ_i，由 7.4 节相关公式可推导出 $Q_i = 10^{0.1 \times \delta_i}$；

r_n——隧道内不同风口至同一个测点的距离，此处测点通常选取站台屏蔽门起点（或终点）前 1m 处，单位为米（m）；

R_i——行车隧道内的倍频带房间常数，与行车隧道内的倍频带平均吸声系数有关，通常选取房间表面材料为"光滑混凝土表面"的吸声系数（表 7-16），采用式（7-13）计算得到，单位为平方米（m²）；

N——同一个运行工况下，行车隧道内的风口总数量，单位为个。

第二步，计算行车隧道内总声场的声压级经屏蔽门透射入站台测点处的声压级。

站台测点处的倍频带声压级：

$$L_{p2,i} = L_{p1,i} - R_{s,i} + k \tag{7-20}$$

$$R_{s,i} = D_{t,i} - 10\lg\left(\frac{A_{i,站台}}{S_{屏蔽门}}\right) \tag{7-21}$$

站台测点处的总声压级：

$$L_{p2,总} = 10\lg\left[\sum_{i=1}^{n} 10^{(0.1 \times L_{p2,i})}\right] \tag{7-22}$$

式中：

$L_{p2,i}$——站台测点处的倍频带声压级，单位为分贝（dB）；

$L_{p1,i}$——行车隧道内总声场的倍频带声压级，单位为分贝（dB）；

$R_{s,i}$——屏蔽门典型缝隙状态下的倍频带隔声量，单位为分贝（dB）；

$D_{t,i}$——屏蔽门典型缝隙状态下的倍频带传声损失（表7-16），单位为分贝（dB）；

$A_{i,站台}$——站台倍频带等效吸声面积，根据站台表面倍频带平均吸声系数计算得到，或者根据站台混响时间，由式（7-16）推算得到，单位为平方米（m²）；

$S_{屏蔽门}$——屏蔽门的横截面积，即长×高，单位为平方米（m²）；

k——站台噪声叠加系数，考虑不同站台类型与站台内通风空调系统风口噪声叠加的效果；侧式站台取值5，岛式站台取值8。

其中，屏蔽门由玻璃和金属板材制成，其在理想状态下（无缝隙）的传声损失见表7-15。

表7-15　屏蔽门理想状态下的传声损失

倍频带中心频率（Hz）	63	125	250	500	1k	2k	4k	8k
屏蔽门理想状态下的传声损失（dB）	21	30	33	36	32	40	50	50

考虑到经常开关，经过一段时间后，密封程度有所下降，按孔隙率1％作为典型缝隙状态。屏蔽门在典型缝隙状态下的传声损失见表7-16。

表7-16　屏蔽门缝隙状态下的传声损失

倍频带中心频率（Hz）	63	125	250	500	1k	2k	4k	8k
屏蔽门缝隙状态下的传声损失（dB）	17	20	20	20	20	20	20	20

7.6 风亭口部声功率级与测点声压级的数值差的计算方法

如图 7-4、图 7-5 所示，当从风亭口部对室外辐射的噪声声功率级为 L_w 时，如果把风口（声源）看作点声源，则测点的声压级如式（7-23）所示。

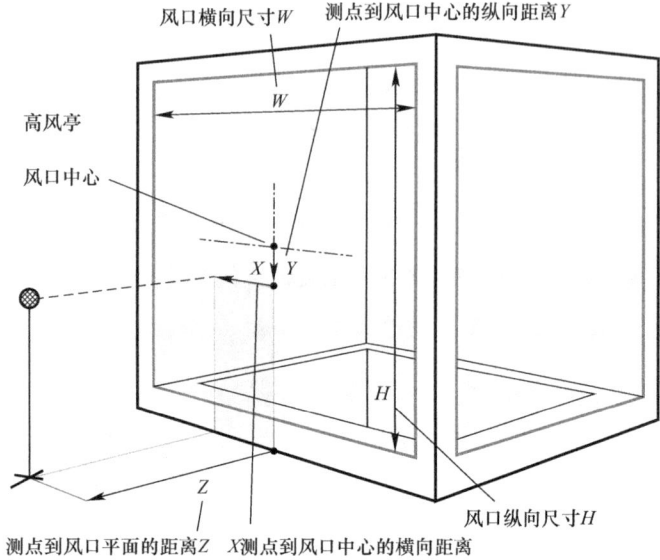

图 7-4 高风亭风口与测点之间距离的示意图

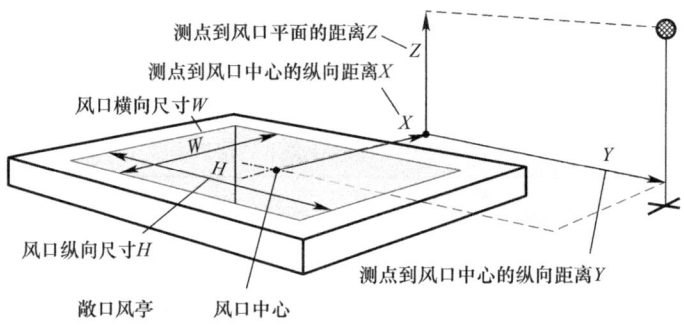

图 7-5 敞口风亭风口与测点之间距离的示意图

$$L_p = L_w + 10 \times \lg\left(\frac{Q}{4 \times \pi \times r^2}\right) = L_w + 10 \times \lg\left[\frac{Q}{4 \times \pi \times (X^2 + Y^2 + Z^2)}\right] \tag{7-23}$$

当把地面看作反射面，周围没有其他反射物时，视作半自由场，$Q=2$。

由于风口是个面声源，测点距离面声源较近时，若把声源视作点声源计算测点的声压级，计算结果存在偏差，需要修正。即，当声源为面声源时，测点的声压级与声源声功率级的差值为：

$$L_p - L_w = 10 \times \lg \left[\frac{Q}{4 \times \pi \times (X^2 + Y^2 + Z^2)} \right] - \delta \qquad (7-24)$$

当面声源的声能面密度均匀时，修正值 δ 与风口的尺寸、测点的位置相关，见表 7-17。

需要注意的是，式（7-23）、式（7-24）中的测点声压级计算值为车站内噪声源经地面风亭口部单独作用在测点的声压级，忽略了测点背景噪声的影响。而对测点进行现场测量，由声级计测得的声压级值是包括噪声源作用在测点的声压级和背景噪声共同作用在测点处的叠加值。

表 7-17　点声源与面声源的声压级修正值表

W	H	Z	Y	X（m）						
				0	1	2	3	4	5	6
(m)	(m)	(m)	(m)	修正值（dB）						
5	5	1.0	0	6	3	0	−1	−1	−1	0
5	5	1.0	1	3	1	−1	−1	−1	−1	0
5	5	1.0	2	0	−1	−2	−1	−1	−1	0
5	5	1.0	3	−1	−1	−1	−1	−1	−1	0
5	5	1.0	4	−1	−1	−1	−1	−1	0	0
5	5	1.0	5	−1	−1	−1	−1	0	0	0
5	5	1.0	6	0	0	0	0	0	0	0
5	5	1.5	0	4	2	0	−1	−1	0	0
5	5	1.5	1	2	1	0	−1	−1	−1	0
5	5	1.5	2	0	0	−1	−1	−1	−1	0
5	5	1.5	3	−1	−1	−1	−1	−1	−1	0
5	5	1.5	4	−1	−1	−1	−1	−1	0	0
5	5	1.5	5	0	−1	−1	−1	0	0	0
5	5	1.5	6	0	0	0	0	0	0	0
5	5	2.0	0	3	2	1	0	0	0	0
5	5	2.0	1	2	1	0	0	0	0	0
5	5	2.0	2	1	0	0	−1	−1	0	0

W	H	Z	Y	X （m）						
				0	1	2	3	4	5	6
（m）	（m）	（m）	（m）	修正值（dB）						
5	5	2.0	3	0	0	−1	−1	−1	0	0
5	5	2.0	4	0	0	−1	−1	0	0	0
5	5	2.0	5	0	0	0	0	0	0	0
5	5	3.0	0	1	1	1	0	0	0	0
5	5	3.0	1	1	1	1	0	0	0	0
5	5	3.0	2	1	1	0	0	0	0	0
5	5	3.0	3	0	0	0	0	0	0	0
5	5	4.0	0	1	1	1	0	0	0	0
5	5	4.0	1	1	1	0	0	0	0	0
5	5	4.0	2	1	0	0	0	0	0	0
5	5	4.0	3	0	0	0	0	0	0	0
5	5	5.0	0	1	1	0	0	0	0	0
5	5	5.0	1	1	1	0	0	0	0	0
5	5	5.0	2	0	0	0	0	0	0	0
5	5	6.0	0	0	0	0	0	0	0	0
4	4	1.0	0	5	2	0	−1	−1	0	0
4	4	1.0	1	2	1	−1	−1	−1	0	0
4	4	1.0	2	0	−1	−1	−1	−1	0	0
4	4	1.0	3	−1	−1	−1	−1	0	0	0
4	4	1.0	4	−1	−1	−1	0	0	0	0
4	4	1.0	5	0	0	0	0	0	0	0
4	4	1.5	0	3	2	0	0	0	0	0
4	4	1.5	1	2	1	0	−1	0	0	0

W	H	Z	Y	X（m）						
				0	1	2	3	4	5	6
（m）	（m）	（m）	（m）	修正值（dB）						
4	4	1.5	2	0	0	−1	−1	0	0	0
4	4	1.5	3	0	−1	−1	−1	0	0	0
4	4	1.5	4	0	0	0	0	0	0	0
4	4	2.0	0	2	1	0	0	0	0	0
4	4	2.0	1	1	1	0	0	0	0	0
4	4	2.0	2	0	0	0	0	0	0	0
4	4	3.0	0	1	1	0	0	0	0	0
4	4	3.0	1	1	1	0	0	0	0	0
4	4	3.0	2	0	0	0	0	0	0	0
4	4	4.0	0	1	1	0	0	0	0	0
4	4	4.0	1	1	0	0	0	0	0	0
4	4	4.0	2	0	0	0	0	0	0	0
4	4	5.0	0	0	0	0	0	0	0	0
3	3	1.0	0	3	1	0	0	0	0	0
3	3	1.0	1	1	0	−1	0	0	0	0
3	3	1.0	2	0	−1	−1	0	0	0	0
3	3	1.0	3	0	0	0	0	0	0	0
3	3	1.5	0	2	1	0	0	0	0	0
3	3	1.5	1	1	0	0	0	0	0	0
3	3	1.5	2	0	0	0	0	0	0	0
3	3	2.0	0	1	1	0	0	0	0	0
3	3	2.0	1	1	0	0	0	0	0	0
3	3	2.0	2	0	0	0	0	0	0	0

W	H	Z	Y	X（m）						
				0	1	2	3	4	5	6
（m）	（m）	（m）	（m）	修正值（dB）						
3	3	3.0	0	1	0	0	0	0	0	0
3	3	3.0	1	0	0	0	0	0	0	0
3	3	4.0	0	0	0	0	0	0	0	0
2	2	1.0	0	2	0	0	0	0	0	0
2	2	1.0	1	0	0	0	0	0	0	0
2	2	1.5	0	1	0	0	0	0	0	0
2	2	1.5	1	0	0	0	0	0	0	0
2	2	2.0	0	1	0	0	0	0	0	0
2	2	2.0	1	0	0	0	0	0	0	0
2	2	3.0	0	0	0	0	0	0	0	0

8 消声措施的选配

8.1 消声措施的分类

通风空调系统中可供选用的消声措施有消声器、消声百叶、消声弯头和消声静压箱，其中，应用最广泛并且大量采用的消声措施为消声器。消声措施分类表见表 8-1。

表 8-1 消声措施分类表

降噪措施	推荐适用范围	安装位置	优点	缺点
消声器	适用范围广泛，适用于地铁通风空调各个系统	1）与风管相连；2）独立设置在土建风道/风井内	1）降噪效果好，基本可以满足达标要求；2）通过调整消声长度及内部排列结构，满足不同系统的全压损失的要求	1）设置在风道/风井内，占用空间较大，安装完后，不利于大型设备通过；2）增加系统通风全压损失；3）气流噪声有可能影响降噪效果，需要控制过消声器的风速

降噪措施	推荐适用范围	安装位置	优点	缺点
消声百叶	适用于车站风亭口部、房间风口	设置在风口末端	工程量较小，占用空间小	1）降噪效果不足，单独采用，一般不能确保达标； 2）全压损失系数较高； 3）在风口末端形成的气流噪声较高，易影响降噪效果，需要严格控制过风风速
消声弯头消声静压箱	适用于车站通风空调大小系统	与风管相连	工程量较小，占用空间小	1）降噪效果不足，单独采用，一般不能确保达标； 2）增加系统通风全压损失； 3）考虑气流噪声有可能影响降噪效果，需要控制迎面风速

8.2 消声器的分类

消声器根据消声原理分类，主要分为阻性消声器、抗性消声器、复合式消声器及排气放空消声器，见表 8-2。

表 8-2 消声器分类、构造及适用范围表

原理分类	常见的构造形式	适用范围
阻性消声器	管道式、片式、折板式、阵列式（构造示例见附录 A）	通风空调系统管道/风道/风井、机房进出风口、空气动力设备进、排风口等
抗性消声器	扩张式、共振式、微穿孔板式、干涉式	空压机、柴油机、汽车发动机等以低、中频噪声为主的设备噪声
复合式消声器	阻抗复合式、阻性及共振复合式、抗性及微穿孔板复合式	各类宽频带噪声源
排气放空消声器	节流减压式、小孔喷注式、多孔扩散式	各类需排气放空及降低噪声的设备

地铁通风空调系统噪声控制采用的消声器多数为阻性消声器，常用的构造形式包括管道式、片式和阵列式，见附录 A。根据不同构造形式的特点，各自的适用范围见表 8-3。

表 8-3　消声器构造形式及适用范围表

常见的构造形式	适用的截面范围	适用的系统范围	适用的安装方式
管道式	适用于管道的断面尺寸在100~300mm 范围	车站通风空调小系统	与风管相连
片式	适用于断面尺寸大约在 250mm 及以上任意大的范围	1) 车站通风空调小系统； 2) 车站通风空调大系统； 3) 车站排热系统； 4) 隧道通风系统	1) 与风管相连； 2) 独立设置在土建风道/风井内
阵列式	适用于断面尺寸大约在 500mm 及以上任意大的范围，特别在断面尺寸超过 2000mm 的大截面，阵列式消声器具有非常明显的优势	1) 车站通风空调小系统； 2) 车站通风空调大系统； 3) 车站排热系统； 4) 隧道通风系统	1) 与风管相连； 2) 独立设置在土建风道/风井内

什么条件下适宜用什么结构形式的消声器，很大程度上取决于通风管道的断面尺寸（表 8-4）。

表 8-4　消声器形式推荐表

短边（D）		长边（C）	推荐
≤150mm	及	≤4D	管道式
≤1200mm			片式
>1200mm			阵列式
短边（D）		长边（C）	可用
≤300mm	及	≤4D	管道式
>100mm			片式
≥600mm			阵列式
短边（D）		长边（C）	不推荐
>300mm	或	>4D	管道式
>2000mm			片式
<600mm			阵列式

8.3　消声器的物理原理

消声器既是声学元件也是通风元件，它的主要技术指标有：

1）消声效果。以传声损失表示，即入射到消声器的声功率级与从消声器透射出去的声功率级的差值。这是消声器使用的目的指标。

2）通风阻力。即气流通过消声器的能量损失。以气流进入消声器前和通过消声器后的全压差值表示。因为全压差还与气流动压成正比，所以一般采用全压差与气流动压的比值，即全压损失系数来表示消声器的通风阻力特性。这是消声器使用的代价，代价越小越好，即全压损失系数越小越好。

消声效果要用声学原理来解析，通风阻力要用流体力学来解析。

8.3.1 声学原理

无论是片式消声器还是阵列式消声器，其传声损失可由式（8-1）确定：

$$D_t = D_s + D_a \cdot l \tag{8-1}$$

式中：

D_t——消声器的传声损失，单位为分贝（dB）；

D_s——消声器的不连续衰减，在消声器进出口端截面改变引起的声反射衰减量，单位为分贝（dB）；

D_a——沿消声器的单位长度传播损失，在有固定横截面和均匀纵向结构的消声器中间段，声波在非刚性壁管道传播衰减形成的单位长度的声功率级衰减量，单位为分贝每米（dB/m）；

l——有效消声长度，消声器内断面一致的非刚性壁管长度，单位为米（m）。

注：D_s、D_a 的定义引自 GB/T 36079—2018。

为了叙述方便，我们把 $D_a \cdot l$ 命名为连续衰减，用 D_A 表示，则

$$D_A = D_a \cdot l = \phi \cdot \frac{U}{s_f} \cdot l \tag{8-2}$$

式（8-2）也被称作别诺夫式。

式中：

U——消声器内断面的吸声周长（流体力学称为湿周），单位为米（m）；

s_f——消声器内断面净流通面积，单位为平方米（m²）；

ϕ——消声系数，由填充材料、护面材料和片厚决定，无量纲。

当声波以平面波的方式在消声器入口向消声器出口传播时，

$$\phi = 4.34 \times \frac{1 - \sqrt{1 - \alpha_0}}{1 + \sqrt{1 - \alpha_0}} \tag{8-3}$$

式中，α_0 为由填充材料和护面材料组成的吸声构件的法向入射吸声系数，无量纲。

对于片式消声器：

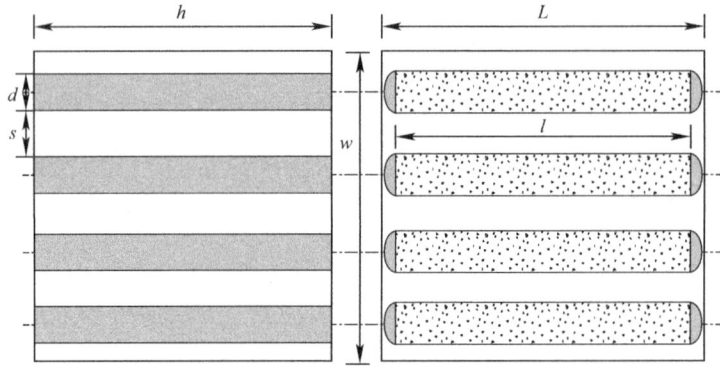

图 8-1 片式消声器横、纵断面示意图

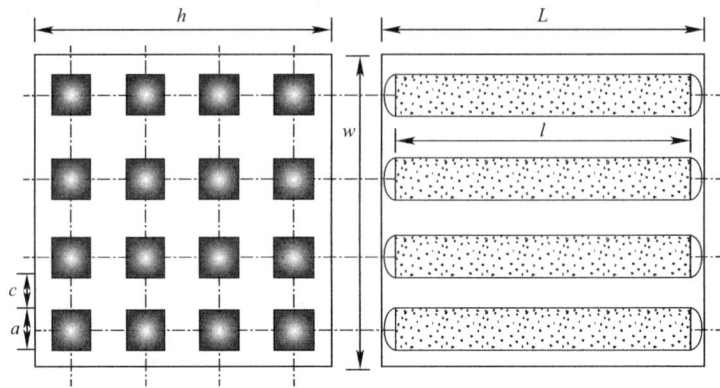

图 8-2 阵列式消声器横、纵断面示意图

$$U = 2 \cdot h \cdot n \tag{8-4}$$

$$s_f = s \cdot n \cdot h \tag{8-5}$$

$$A_f = \frac{s}{s+d} \tag{8-6}$$

因此，式（8-2）可表达为：

$$D_A = \phi \cdot \frac{U}{s_f} \cdot l = \frac{2 \cdot \phi}{d} \cdot \frac{1-A_f}{A_f} \cdot l \tag{8-7}$$

对于阵列式消声器：

$$U = 4 \cdot a \cdot m \tag{8-8}$$

$$s_f = (a+c)^2 \cdot m \cdot A_f = a^2 \cdot \frac{m \cdot A_f}{1-A_f} \tag{8-9}$$

$$A_f = 1 - \left(\frac{a}{a+c}\right)^2 \tag{8-10}$$

因此，式（8-2）可表达为：

$$D_A = \phi \cdot \frac{U}{s_f} \cdot l = \frac{4 \cdot \phi}{a} \cdot \frac{1 - A_f}{A_f} \cdot l \qquad (8\text{-}11)$$

上述式（8-4）～式（8-11）中：

U——消声器内断面的吸声周长（流体力学称为湿周），单位为米（m）；

h——消声器的高度，单位为米（m）；

n——片式消声器的消声片数量，单位为个；

m——阵列式消声器的消声片数量，单位为个；

s_f——消声器内断面净流通面积，单位为平方米（m²）；

s——片式消声器内的消声片的片间宽度，见图8-1，单位为米（m）；

d——片式消声器的消声片的厚度，见图8-1，单位为米（m）；

c——阵列式消声器内的消声片的片间宽度，见图8-2，单位为米（m）；

a——阵列式消声器的消声片的厚度，见图8-2，单位为米（m）；

A_f——消声器内净流通面积与消声器截面面积的比值，简称通流比，无量纲；

D_A——消声器的连续衰减，单位为分贝（dB）；

ϕ——消声系数，由填充材料、护面材料和片厚决定，无量纲；

l——有效消声长度，单位为米（m）。

8.3.2 流体力学原理

从流体力学的角度看，消声器就是一段管道，流体在管道内的流动，经历的过程可以分为三段。

1）从上游进入消声器时经过一个断面变小的过程；

2）在中间经历一个断面一致不变的过程；

3）从消声器进入下游管道时经过一个断面变大的过程。

这三个过程，都会对流体的流动产生阻力，其阻力以压力损失表达。第1）个入口过程是入口的局部压力损失，第2）个是沿程摩擦压力损失，第3）个是出口的局部压力损失。

气流通过消声器的全压损失，由上述三个压力损失组成，是三个压力损失之和。因此，消声器的全压损失系数为：

$$\xi = \Delta p \cdot \frac{2}{\rho \cdot v_f^2} \qquad (8\text{-}12)$$

式中：

ξ——消声器的全压损失系数，无量纲；

Δp——消声器的全压损失，单位为帕斯卡（Pa）；

ρ——空气密度，单位为公斤/立方米（kg/m³）；

v_f——迎面风速，消声器进风侧法兰口横截面的平均风速，单位为米每秒（m/s）。

其中，

$$\Delta p = \Delta p_1 + \Delta p_2 + \Delta p_3 \tag{8-13}$$

式中：

Δp_1——消声器入口的局部压力损失，单位为帕斯卡（Pa）；

Δp_2——消声器的沿程摩擦压力损失，单位为帕斯卡（Pa）；

Δp_3——消声器出口的局部压力损失，单位为帕斯卡（Pa）。

其中，

$$\Delta p_1 = \frac{1}{2} \cdot \xi_c' \cdot \rho \cdot v_f^2 \tag{8-14}$$

$$\Delta p_2 = \frac{1}{2} \cdot \xi_f \cdot \rho \cdot v_f^2 \tag{8-15}$$

$$\Delta p_3 = \frac{1}{2} \cdot \xi_e' \cdot \rho \cdot v_f^2 \tag{8-16}$$

式中：

ξ_c'——消声器入口的局部压力损失系数，无量纲；

ξ_f——消声器的沿程摩擦压力损失系数，无量纲；

ξ_e'——消声器出口入口的局部压力系数，无量纲。

其中，

$$\xi_c' = \frac{\xi_1}{2} \cdot \frac{1 - A_f}{A_f^2} \tag{8-17}$$

片式：
$$\xi_f = \frac{\xi_3}{d} \cdot \frac{1 - A_f}{2 \cdot A_f^3} \cdot l \tag{8-17a}$$

阵列式：
$$\xi_f = \frac{\xi_3}{a} \cdot \frac{1 - A_f}{A_f^3} \cdot l \tag{8-17b}$$

$$\xi_e' = \xi_2 \cdot \left(\frac{1}{A_f} - 1 \right)^2 \tag{8-18}$$

式中：

ξ_1——消声器入口的形状因数，与吸声体迎风面导流罩的空间形状相关，无量纲；

ξ_2——消声器出口的形状因数，与吸声体出风端导流罩的空间形状相关，无量纲；

ξ_3——消声器内壁的沿程损失（摩擦阻力）系数，无量纲。

注意 ξ_f 和 ξ_3 的区别。ξ_3 只与内壁的粗糙程度相关，而 ξ_f 与内壁的粗糙度和沿程的长度、消声器的通流比均相关。

消声器的沿程摩擦压力损失：

$$\Delta p_2 = \frac{1}{2} \cdot \xi_3 \cdot \frac{l}{d_e} \cdot \rho \cdot v^2 \qquad (8\text{-}19)$$

式中：

d_e——非圆管道的当量直径，单位为米（m）；

v——管道内流速，单位为米每秒（m/s）。

$$d_e = \frac{4 \cdot s_f}{U} \qquad (8\text{-}20)$$

$$v = \frac{v_f}{A_f} \qquad (8\text{-}21)$$

对于片式消声器，

$$\frac{1}{d_e} = \frac{U}{4 \cdot s_f} = \frac{1 - A_f}{2 \cdot A_f \cdot d} \qquad (8\text{-}22)$$

$$\xi = \frac{\xi_1}{2} \cdot \frac{1 - A_f}{A_f^2} + \xi_2 \cdot \left(\frac{1}{A_f} - 1 \right)^2 + \frac{\xi_3}{d} \cdot \frac{1 - A_f}{2 \cdot A_f^3} \cdot l \qquad (8\text{-}23)$$

把式（8-6）与式（8-22）合并，可得

$$\xi = \frac{D_A \cdot d}{4 \cdot \phi \cdot l} \cdot \left(1 + \frac{D_A \cdot d}{2 \cdot \phi \cdot l} \right) \cdot \xi_1 + \left(\frac{D_A \cdot d}{2 \cdot \phi \cdot l} \right)^2 \cdot \xi_2 + \frac{D_A}{4 \cdot \phi} \cdot \left(\frac{D_A \cdot d}{2 \cdot \phi \cdot l} + 1 \right)^2 \cdot \xi_3$$

$$(8\text{-}24)$$

$$\xi = \frac{1 - A_f}{2 A_f^2} \cdot \xi_1 + \left(\frac{1 - A_f}{A_f} \right)^2 \cdot \xi_2 + \frac{D_A}{4 \cdot \phi \cdot A_f^2} \cdot \xi_3 \qquad (8\text{-}25)$$

对于阵列式消声器，

$$\frac{1}{d_e} = \frac{U}{4 \cdot s_f} = \frac{1 - A_f}{A_f \cdot a} \qquad (8\text{-}26)$$

$$\xi = \frac{\xi_1}{2} \cdot \frac{1 - A_f}{A_f^2} + \xi_2 \cdot \left(\frac{1}{A_f} - 1 \right)^2 + \frac{\xi_3}{a} \cdot \frac{1 - A_f}{A_f^3} \cdot l \qquad (8\text{-}27)$$

把式（8-10）与式（8-26）合并，可得

$$\xi = \frac{D_A \cdot a}{8 \cdot \phi \cdot l} \cdot \left(1 + \frac{D_A \cdot a}{4 \cdot \phi \cdot l} \right) \cdot \xi_1 + \left(\frac{D_A \cdot a}{4 \cdot \phi \cdot l} \right)^2 \cdot \xi_2 + \frac{D_A}{4 \cdot \phi} \cdot \left(1 + \frac{D_A \cdot a}{4 \cdot \phi \cdot l} \right)^2 \cdot \xi_3$$

$$(8\text{-}28)$$

$$\xi = \frac{1 - A_f}{2 A_f^2} \cdot \xi_1 + \left(\frac{1 - A_f}{A_f} \right)^2 \cdot \xi_2 + \frac{D_A}{4 \cdot \phi \cdot A_f^2} \cdot \xi_3 \qquad (8\text{-}29)$$

式（8-25）与式（8-29）在形式上完全一样。也就是说，无论是片式消声器和阵列式消声器，对全压损失系数的影响因素是完全相同的。但是，这些因素的具体数值完全相同的概率极低。比如说，消声器入口和出口的形状因数，片式与阵列式完全相同几乎是不可能的。但是，阵列式消声器可以以较大的通流比达到相同的消声效果，所以，在消声效果

相同的前提下，阵列式消声器的通风阻力比片式消声器低。

8.3.3 根据物理原理绘制的曲线

综上所述，片式消声器和阵列式消声器的 ξ_1、ξ_2、ξ_3、ϕ 的取值分别为 0.1、0.7、0.05 和 0.55，片式的 d 和阵列式的 a 的取值均为 0.25m。根据式（8-24）和式（8-25）绘制的片式消声器的关系曲线如图 8-3 所示，根据式（8-28）和式（8-29）绘制的阵列式消声器的关系曲线如图 8-4 所示，通过关系曲线可以更加直观地看到消声器各项性能参数之间的关系。

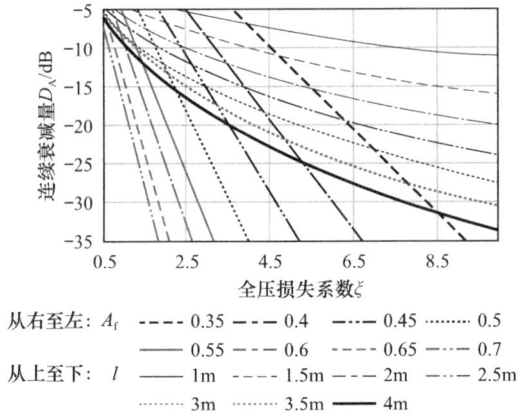

图 8-3　片式消声器的连续衰减与全压损失系数关系曲线

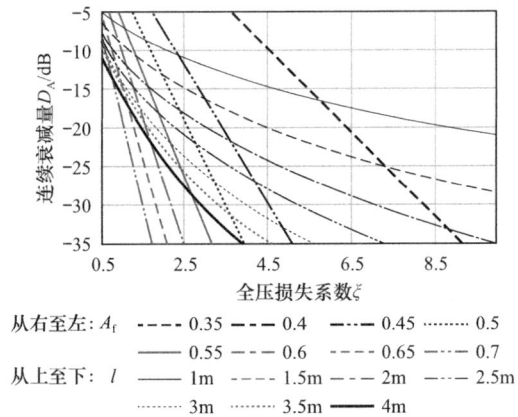

图 8-4　阵列式消声器的连续衰减与全压损失系数关系曲线

注：图 8-3、图 8-4 中，A_f 为消声器通流比；l 为消声器的有效消声长度。

实际生产制造片式或阵列式消声器时，是完全可以做到符合这几个参数的，但现实供应市场应用的消声器未必是这几个参数，关系曲线自然与此有差别，但并不影响本指南以这几个参数绘制曲线说明原理性问题。

如果把消声器的不连续衰减也同时加进来，可以绘制出消声器的传声损失（不连续衰减和连续衰减的总和）与全压损失系数的关系曲线。以阵列式消声器为例绘制的曲线如图 8-5 所示。

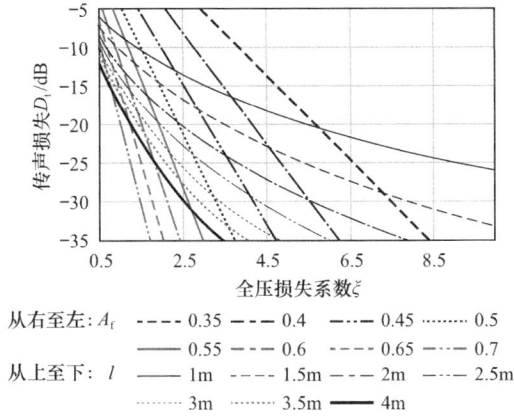

图 8-5　阵列式消声器传声损失与全压损失系数关系曲线

注：图 8-5 中，A_f 为消声器通流比；l 为消声器的有效消声长度；

传声损失为不连续衰减量与连续衰减量的总和。

8.4　消声器性能曲线图的应用

在通风空调系统中设置消声器，不仅对其消声器效果（传声损失）有要求，同时希望全压损失小，长度也小。

根据上节所述的物理原理，当 ξ_1、ξ_2、ξ_3、α、ϕ 确定后，如果通流比不变，需要增加传声损失的话，长度和阻力是同步增长的，如图 8-6 的箭头和圆点所示。图中参数见表 8-5。

在保证全压损失系数不变时，可以扩大通流比（增加净流通面积）来增加传声损失，但长度增长较大，如图 8-7 的箭头和圆点所示。图中参数见表 8-6。

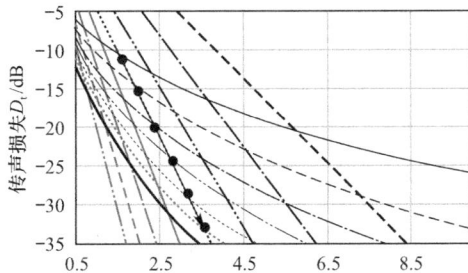

图 8-6　通流比不变时传声损失、长度和阻力同步增加

表 8-5　图 8-6 中 6 个圆点的参数

通流比	长度（m）	传声损失（dB）	全压损失系数
0.5	1.0	−11.0	1.6
0.5	1.5	−15.5	2.0
0.5	2.0	−19.5	2.4
0.5	2.5	−24.0	2.8
0.5	3.0	−28.5	3.2
0.5	3.5	−33.0	3.6

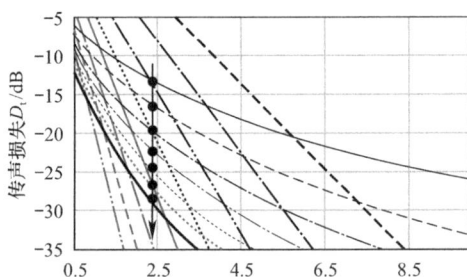

图 8-7　阻力不变时通流比、传声损失、长度同步增加

表 8-6　图 8-7 中 7 个圆点的参数

通流比	长度（m）	传声损失（dB）	全压损失系数
0.450	1.0	−13.5	2.4
0.475	1.5	−17.0	2.4
0.500	2.0	−19.5	2.4
0.525	2.5	−22.5	2.4
0.540	3.0	−24.5	2.4
0.555	3.5	−27.0	2.4
0.565	4.0	−29.0	2.4

在通流比变大时，甚至可以减少阻力的同时增加传声损失，但长度增长更大，如图 8-8 的箭头和圆点所示。图中参数见表 8-7。

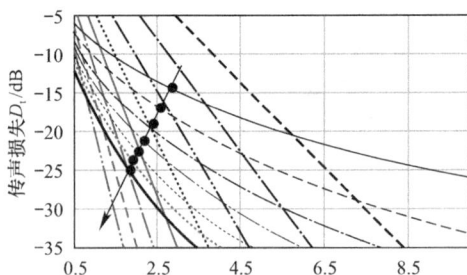

图 8-8　通流比变大时传声损失、长度同步增加但阻力减小

表 8-7　图 8-8 中 7 个圆点的参数

通流比	长度（m）	传声损失（dB）	全压损失系数
0.430	1.0	−14.0	2.8
0.460	1.5	−17.0	2.6
0.500	2.0	−19.5	2.4
0.530	2.5	−21.0	2.2
0.555	3.0	−22.5	2.0
0.570	3.5	−24.0	1.9
0.600	4.0	−25.0	1.8

如果保持长度不变，通流比改变，那么传声损失随通流比的减小而增大，阻力也随之增大，如图 8-9 的圆点所示。图中参数见表 8-8。

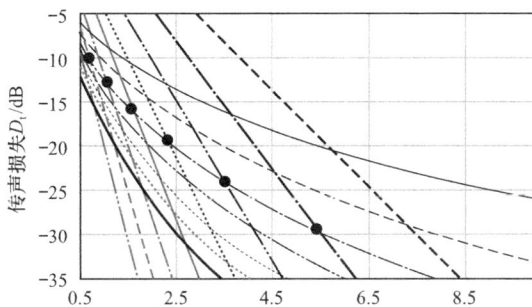

图 8-9　长度不变时传声损失和阻力随着通流比减小而同步增加

表 8-8　图 8-9 中 6 个圆点的参数

通流比	长度（m）	传声损失（dB）	全压损失系数
0.65	2.0	−10.0	0.7
0.60	2.0	−13.0	1.1
0.55	2.0	−16.0	1.7
0.50	2.0	−19.5	2.4
0.45	2.0	−24.0	3.6
0.40	2.0	−29.5	5.5

如图 8-6～图 8-9 所示，消声器的占用空间、通风阻力与其消声性能是相互制约的关系：

1）当消声器通流比不变时，要提高传声损失，则需要增加消声器的长度，但全压损失系数会随之略有增加，气流噪声不变。

2）当需要提升消声器的传声损失，又不能增加全压损失系数时，可以通过增加消声器的长度，同时加大通流比。通流比加大还可以减小气流噪声。

3）当需要提升消声器的传声损失，同时还要降低全压损失系数，那么就需要增加更长的消声器长度，提升更高的通流比。气流噪声可以降得更低。

4）当需要提升消声器的传声损失，同时保持相同的消声器长度，那么就要降低消声器的通流比。这种情况下，消声器的全压损失系数会提高较多，气流噪声也会提高。

8.5 根据实验室测量数据绘制的性能曲线图

上一节绘制的曲线，是根据简化物理模型得到的简明数学表达式，由人为设置各项参数绘制的消声性能关系曲线。按《声学　管道消声器和风道末端单元的实验室测量方法　插入损失、气流噪声和全压损失》GB/T 25516—2010 对大量消声器测量的数据进行归纳，也可以绘制出消声性能关系曲线。

通过实验室测量得到的实测数据也验证了上述 8.3 节、8.4 节中纯理论公式显示的定性关系。以某型阵列式消声器的测量数据为例，绘制出传声损失、全压损失系数、通流比及消声器长度的关系曲线，见图 8-10。

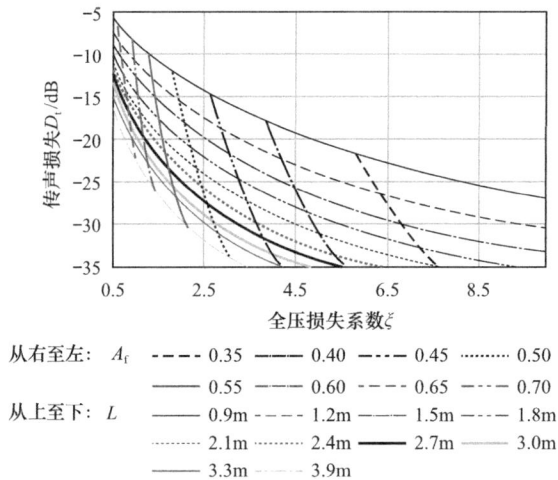

图 8-10　某型阵列式消声器实测传声损失与全压损失系数关系曲线

注：图 8-10 中，A_f 为消声器通流比；L 为消声器的外形长度（包括了导流段的长度和支架等环节所占用的长度，比有效消声长度略长）；传声损失为已知声源的 A 计权单值传声损失。

8.6 消声器占用空间的设置原则

1) 从噪声控制考虑，消声器的设置应靠近噪声源进（排）气口。

2) 从气动性能考虑，消声器应设置在气流通路横截面风速最低的位置，并尽量选择与风机的距离大于风机直径 4 倍的位置。

3) 消声器的占用空间应尽可能充满整个横截面，应考虑避免其他管线、设备与消声器发生干涉。

4) 消声器应优先考虑在水平风道内设置，其次再考虑在竖直风井内设置。

5) 单台消声器的长度不宜超过 4m，若配置的消声器长度超过 4m，建议拆分成 2 台消声器串联，消声器之间留有不小于 0.3m 的空隙。

8.7 消声器的材质要求

消声器主要由吸声体、支架杆、外壳组成，对于设置于土建风道内的消声器可不设置外壳。

8.7.1 吸声体

吸声体由迎风导流罩、吸声段和出风导流罩组成，见图 8-11。

吸声体宜采用符合《绝热用玻璃棉及其制品》GB/T 13350—2017 的玻璃纤维毡（或板）作为声学填料。采用玻璃纤维作为声学填料时，密度宜在 $16\sim48kg/m^3$ 选择，在寿命期内填料的塌陷率不得超过 5%。宜采用金属穿孔板做玻璃纤维的护面板，护面板内的玻璃纤维宜整体包覆致密轻薄护面（含两端），吸声段两端视应用场景的受力情况确定是否设置端板，达到加强对玻璃纤维的保护与整体结构强度的要求。

吸声体选用金属穿孔板为护面板时，穿孔孔径不应大于 2.5mm，穿孔率宜为 20%～25%。

吸声体的导流罩宜为流线形，表面应连续、光滑，宜采用冲压成型的加工方法。增加导流段的长度有利于气流过渡更加平顺，减少通风阻力，但增长减阻的效果是快速减弱的，因此导流罩太长，性价比降低。导流段的长度一般为片厚的 0.3～2 倍为宜。

穿孔板和导流罩宜采用热浸镀锌钢板、不锈钢板或铝合金板。板材最小厚度应满足表 8-9 的要求。

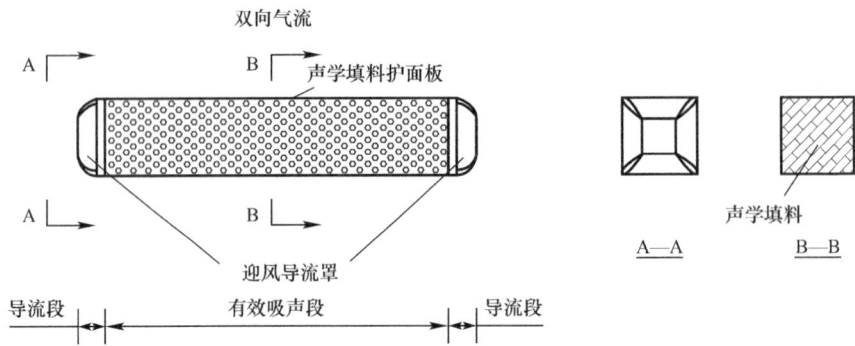

（a）双向气流用吸声体

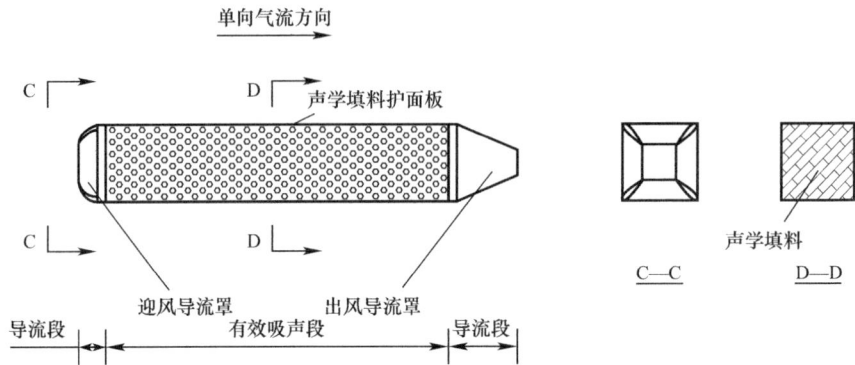

（b）单向气流用吸声体

图 8-11　吸声体示意图

表 8-9　吸声体穿孔板护面板材的最小厚度　　　　　　单位：mm

吸声体宽度 a	镀锌钢板	不锈钢板	铝合金板
$a \leqslant 200$	0.5	0.4	0.8
$200 < a \leqslant 300$	0.6	0.5	0.9
$300 < a \leqslant 400$	0.6	0.5	1.0
$400 < a \leqslant 500$	0.8	0.6	1.3
$500 < a \leqslant 600$	1.0	0.7	2.0
$600 < a \leqslant 800$	1.2	1.0	2.5
$800 < a \leqslant 1200$	1.5	1.2	3.0

穿孔板采用热浸镀锌钢板时，应双面镀锌，双面镀层单位面积重量不小于 235g/m^2。具体项目根据需要可提出更高要求。

穿孔板的其他技术要求，应满足《工业用金属穿孔板技术要求和检验方法》GB/T 19360—2003 的要求。

吸声体应按相同的间距在消声器截面内按阵列（或片式、折板式）进行排列，如果消声器外壳内表面为刚性，吸声体与外壳的间距应为同方向吸声体间距的一半。吸声体横竖两个方向的间距应尽量相等。

吸声体的成品截面尺寸偏差不得超过±1mm。

填充纤维材料的不同规格正方吸声体的倍频带吸声系数（混响室法）应符合表8-10的要求，其他声学材料或构造的吸声体的吸声系数可参照执行。如果降噪要求只是某些倍频带，则该频带的吸声系数应符合表8-10中相应频带的吸声系数要求。

表 8-10　各规格吸声体吸声系数下限

频率（Hz）	63	125	250	500	1000	2000	4000	8000
吸声系数下限	0.20	0.75	0.85	0.95	0.95	0.95	0.95	0.95

8.7.2　吸声体支架杆

吸声体支架杆宜采用热浸镀锌型钢或不锈钢型钢，镀锌型钢的镀锌技术要求应符合《金属覆盖层　钢铁制件热浸镀锌层　技术要求及试验方法》GB/T 13912—2020。

吸声体支架杆宜按表8-11采用矩形钢管。通过消声器的气流为水平方向时，吸声体支架杆件为竖向安装；气流为垂直方向时，吸声体支架杆件为横向安装。对于在结构横梁上横向安装的吸声体支架，其杆件的确定，以结构横梁的间距作为杆件长度来确定。吸声体与支架杆宜采用不小于M6的螺栓配弹簧垫片连接，并采用可限制吸声体旋转的连接方式，如采用双螺栓方式。

无论在进风端还是在出风端，支架杆的形状均不能形成兜风的形式，棱角尽量圆滑，以减少通风阻力和气流噪声。消声器供应商所提供的消声器性能参数，应包含支架所贡献的通风阻力和气流噪声。

表 8-11　吸声体支架杆规格　　　　　　　　　　　　单位：mm

杆件长度 H	矩形钢管规格	
	杆件竖向安装	杆件横向安装
$H \leqslant 1250$	20×20×2	20×20×2
$1250 < H \leqslant 2500$	30×30×2	40×40×3
$2500 < H \leqslant 6000$	40×40×3	60×40×3
$6000 < H \leqslant 8000$	60×40×3	80×40×4

8.7.3 消声器外壳

消声器外壳应满足《通风与空调工程施工质量验收规范》GB 50243—2016 第 4 章风管与配件的规定。

外壳宜采用热浸镀锌钢板、不锈钢板或铝合金板，板材厚度宜分别满足表 8-12、表 8-13 和表 8-14 的要求。其中，热浸镀锌钢板应双面镀锌，双面镀层单位面积的重量不小于 235g/m²。具体项目根据需要可提出更高要求。

表 8-12 热浸镀锌钢板板材的最小厚度 单位：mm

外壳长边尺寸 $W(H)$	中、低、微压系统	高压系统、排烟系统
$W(H)\leqslant320$	0.5	0.8
$320<W(H)\leqslant450$	0.6	0.8
$450<W(H)\leqslant630$	0.8	1.0
$630<W(H)\leqslant1000$	0.8	1.2
$1000<W(H)\leqslant1500$	1.0	1.2
$1500<W(H)\leqslant2000$	1.2	1.5
$2000<W(H)\leqslant4000$	1.2	2.5

表 8-13 不锈钢板板材的最小厚度 单位：mm

外壳长边尺寸 $W(H)$	中、低、微压系统	高压系统、排烟系统
$W(H)\leqslant500$	0.5	0.8
$500<W(H)\leqslant1120$	0.7	1.0
$1120<W(H)\leqslant2000$	1.0	1.2

当通风空调系统既有的通风管道可承受的负荷确定符合《通风与空调工程施工质量验收规范》GB 50243—2016 的规定时，可利用其作为消声器外壳。

表 8-14 铝合金板板材的最小厚度 单位：mm

外壳长边尺寸 $W(H)$	中、低、微压系统
$W(H)\leqslant320$	1.0
$320<W(H)\leqslant630$	1.5
$630<W(H)\leqslant2000$	2.0
$2000<W(H)\leqslant4000$	3.0

外壳尺寸的宽度、高度和长度，其允许偏差为±0.1％与±3mm 中的较大者。

外壳法兰宜采用热浸镀锌碳钢或不锈钢材质，法兰及螺栓规格满足表 8-15 的要求。中、低压系统消声器法兰的螺栓及铆钉孔的孔距不得大于 150mm；高压系统、排烟系统消声器不得大于 100mm；矩形消声器法兰的四角部位应设有螺孔。

表 8-15　外壳法兰及螺栓规格　　　　　　　　　　　　　　　单位：mm

外壳长边尺寸 $W(H)$	法兰规格	螺栓规格
$W(H) \leqslant 630$	$25 \times 25 \times 3$	M6
$630 < W(H) \leqslant 1500$	$30 \times 30 \times 3$	M8
$1500 < W(H) \leqslant 2500$	$40 \times 40 \times 4$	M8
$2500 < W(H) \leqslant 4000$	$50 \times 50 \times 5$	M10

8.8　与消声器相关的技术参数表

地铁通风空调系统是否需要设置消声器以及占用空间需要多少，取决于各系统对站内及站外噪声控制点的控制目标、控制点与传播末端（如风亭口部、风管风口处）的距离、噪声源声功率级的大小及传播途径的影响。

以典型的地铁主要噪声源为例，在不同的传播路径下，满足各类声环境功能区噪声控制标准，各系统所需的消声器长度与其他技术参数的关系可参见附录 B。附录 B 中消声器为阻性消声器，保持通流比为 40%～60% 的前提下，随着声源声功率级的增大（或功能区类别的提高，或控制距离的缩短），通过增加消声器长度及（或）减少通流比的方式来提高消声量。

1）在同一个位置的监测点（敏感点）上，消声器有效消声长度每增加 600mm，消声量可以增加 5～6dB。当长度超过 3000mm 后，往往难有空间继续加长消声器，可适当减小通流比，提高消声量。

2）当控制点距离风亭口部足够远（≥10m），消声器有效消声长度大约增加 600mm，控制点的达标区类可以提升一级，或达标距离可以减半。

3）在特殊情况下，如声源源强很高/区类标准高/敏感点距离近等情况下，消声器的长度将会超过 4m，但现场不一定具备在一个位置上设置一台连续长度超过 4m 的消声器空间条件，需要分拆成 2 台或多台消声器分布在不同的位置。

详细的技术参数见附录 B。

9 噪声控制设计计算示例

9.1 估算风机声功率级的计算示例

按照 6.2 节的计算方法，任何定型的风机，其噪声声功率级可用式（6-1）计算。已知条件如表 9-1 所示。

表 9-1 某隧道风机性能参数

风量（m³/s）	静压（Pa）	静压效率（%）	转速（转/分）	叶片数
60	781	78	980	12

计算过程如表 9-2 所示。

表 9-2 估算某隧道风机出口声功率级的计算过程表

序号	计算说明	倍频带中心频率（Hz）								L_{wA}
		63	125	250	500	1k	2k	4k	8k	
		(dB)								
①	K_{wi}：查表 6-2	23	29	28	33	30	26	21	14	34
②	$10\lg(Q)=10\lg(60)$	18	18	18	18	18	18	18	18	
③	$20\lg(P)=20\lg(781)$	58	58	58	58	58	58	58	58	
④	C：查表 6-1	6	6	6	6	6	6	6	6	
⑤	BFI：根据式（6-2）计算，得叶旋频率 f_B $=\dfrac{980}{60}\times12=196\mathrm{Hz}$，在倍频带中心频率 250Hz 的频带上			7						
⑥	隧道风机出口倍频带声功率级 L_{wi}＝①＋②＋③＋④＋⑤	105	111	117	115	112	108	103	96	117

60

9.2 噪声传播途径各种衰减环节的计算示例

9.2.1 矩形无导流片薄钢板风管弯头

已知条件：矩形无导流片薄钢板风管弯头尺寸 1×0.5（宽×高，单位 m），过弯头的流量：3m³/s。如图 9-1 所示，计算过程见表 9-3。

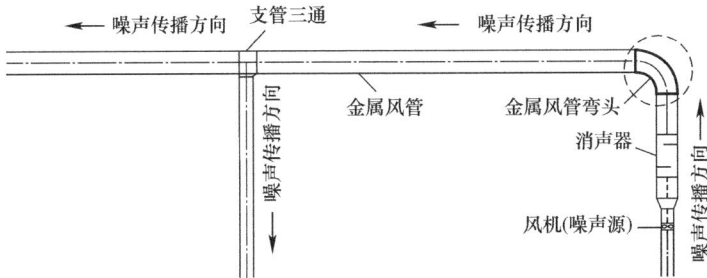

图 9-1　矩形无导流片薄钢板风管弯头示意图

9.2.2 薄钢板矩形风管（无吸声衬里）

已知条件：一段长 10m 的薄钢板矩形风管（无吸声衬里），截面尺寸 1×0.5（宽×高，单位 m），过风管的流量：3m³/s。计算过程见表 9-4，风管示意见图 9-2。

表 9-3　薄钢板矩形风管弯头无导流片衰减的计算过程表

项目	序号	计算内容	倍频带中心频率（Hz）								L_{wA}
			63	125	250	500	1k	2k	4k	8k	
			(dB)								
弯头入口	①	某轴流风机噪声经过一段消声器后，残余噪声入射到风管弯头入口处的倍频带声功率级	80	83	82	73	67	68	68	66	78
传声损失	②	风管小边尺寸为 0.5m，查表 7-4，可得单个矩形无导流片薄钢板风管弯头的传声损失	0	0	6	8	4	3	3	3	—
	③	入射噪声在薄钢板风管弯头衰减后，弯头出口处的残余噪声倍频带声功率级：③=①-②	80	83	76	65	63	65	65	63	74

项目	序号	计算内容	倍频带中心频率（Hz）								L_{wA}
			63	125	250	500	1k	2k	4k	8k	
			(dB)								
气流噪声	④	查表 7-7，可得气流噪声各倍频带声功率级的修正值	−2	−2	−7	−8	−10	−12	−15	−19	—
	⑤	根据式（7-2）计算，气流在风管弯头内再生的气流噪声声功率级：$L_w=C+10\times\lg(S)+60\times\lg(v)$，其中：查表 7-6，$C=0$；$v=3/(1\times0.5)=6\text{m/s}$；$S=1\times0.5=0.5\text{m}^2$。$L_w=0+10\times\lg(0.5)+60\times\lg(6)=44\text{dB}$ 风管弯头内气流噪声倍频带声功率级：⑤$=L_w+$④$=44+$④	42	42	37	36	34	32	29	25	39
弯头出口	⑥	根据式（6-8）计算，风管弯头出口处对下游辐射的倍频带声功率级：⑥$=10\times\lg\left(10^{\frac{②}{10}}+10^{\frac{⑤}{10}}\right)$	80	83	76	65	63	65	65	63	74

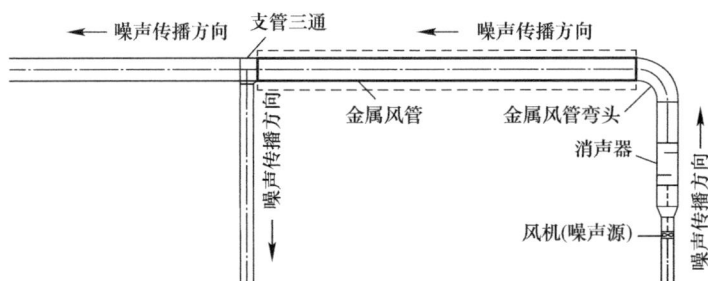

图 9-2　薄钢板矩形风管（无吸声衬里）示意图

表 9-4　薄钢板矩形风管（无吸声衬里）衰减的计算过程表

项目	序号	计算内容	倍频带中心频率（Hz）								L_{wA}
			63	125	250	500	1k	2k	4k	8k	
			(dB)								
风管入口	①	上游残余噪声入射到薄钢板矩形风管入口处的倍频带声功率级	80	83	76	65	63	65	65	63	74

项目	序号	计算内容	倍频带中心频率（Hz）								L_{wA}
			63	125	250	500	1k	2k	4k	8k	
			(dB)								
传声损失	②	风管小边尺寸为 0.5m，查表 7-3，可知薄钢板矩形风管（无吸声衬里）的单位长度传声损失	0.6	0.6	0.3	0.15	0.15	0.15	0.15	0.15	—
	③	长度 10m 的薄钢板矩形风管的传声损失＝10×②	6	6	3	1.5	1.5	1.5	1.5	1.5	—
	④	经过长度 10m 的薄钢板矩形风管，在风管出口处的残余噪声倍频带声功率级：④＝①－③	74	77	73	63	62	64	63	61	71
气流噪声	⑤	查表 7-7，可得气流噪声各倍频带声功率级的修正值	−2	−2	−7	−8	−10	−12	−15	−19	—
	⑥	根据式（7-2）计算，可得该段管道内再生的气流噪声声功率级：$L_w＝C+10×\lg(S)+60×\lg(v)$，其中：查表 7-6，$C＝−10$；$v＝3/(1×0.5)＝6m/s$；$S＝1×0.5＝0.5m^2$。$L_w＝−10+10×\lg(0.5)+60×\lg(6)＝34dB$ 风管内气流噪声倍频带声功率级：⑥＝L_w＋⑤＝34＋⑤	32	32	27	26	24	22	19	15	29
风管出口	⑦	根据式（6-8）计算，可得风管出口处对下游管道辐射的倍频带声功率级：$⑦＝10×\lg\left(10^{\frac{⑥}{10}}+10^{\frac{④}{10}}\right)$	74	77	73	63	62	64	63	61	71

9.2.3 薄钢板支管三通

已知条件：主风管尺寸 1×0.5（宽×高，单位 m），过风管的流量：3m³/s；支管尺寸 0.6×0.4（宽×高，单位 m），过风管的流量：1.5m³/s（图 9-3）。计算过程见表 9-5。

9.2.4 光滑混凝土建筑风道弯头

已知条件：光滑混凝土建筑风道弯头尺寸 5×5.5（宽×高，单位 m），过弯头的流量：60m³/s。计算过程见表 9-6，弯头示意见图 9-4。

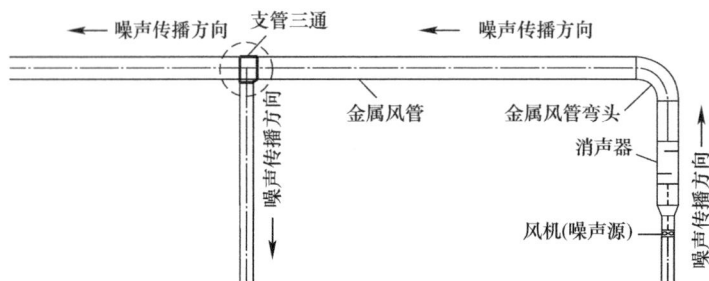

图 9-3　薄钢板支管三通示意图

表 9-5　薄钢板支管三通衰减的计算过程表

项目	序号	计算内容	倍频带中心频率（Hz）								L_{wA}
			63	125	250	500	1k	2k	4k	8k	
			(dB)								
支管入口	①	上游残余噪声入射到支管三通入口处的倍频带声功率级	74	77	73	63	62	64	63	61	71
声能量分配衰减	②	根据式（7-1）计算，支管处声能量衰减值：$TL=10\times\lg\left(\dfrac{V_1}{V_2}\right)$ 或 $TL=10\times\lg\left(\dfrac{S_1}{S_2}\right)$ V_1——分支管（支路）流量：1.5m³/s; V_2——总风管（总路）流量：3m³/s; S_1——分支管断面面积，m²; S_2——分叉处所有分支管的断面面积，m²。 所以，分支管衰减值 $TL=10\times\lg\left(\dfrac{1.5}{3}\right)=-3$	−3	−3	−3	−3	−3	−3	−3	−3	—
传声损失	③	支管小边尺寸为 0.4m，查表7-4，可知单个支管接头的传声损失	0	0	0	6	8	4	3	3	—
传声损失	④	经过支管三通，在支管出口处的残余噪声倍频带声功率级：④=①+②−③	71	74	70	54	51	57	57	55	66
气流噪声	⑤	查表7-7，可得气流噪声各倍频带声功率级的修正值	−2	−2	−7	−8	−10	−12	−15	−19	—

项目	序号	计算内容	倍频带中心频率（Hz）								L_{wA}
			63	125	250	500	1k	2k	4k	8k	
			(dB)								
气流噪声	⑥	根据式（7-2）计算，气流在支管三通内再生的气流噪声声功率级：$L_w=C+10\times\lg(S)+60\times\lg(v)$，其中：查表 7-6，$C=0$；$v=1.5/(0.6\times0.4)=6.25\text{m/s}$；$S=0.6\times0.4=0.24\text{m}^2$。$L_w=0+10\times\lg(0.24)+60\times\lg(6.25)=42\text{dB}$支管三通内气流噪声倍频带声功率级：⑥＝$L_w$＋⑤＝42＋⑤	40	40	35	34	32	30	27	23	37
支管出口	⑦	根据式（6-8）计算，支管三通的支管出口处对下游管道辐射的倍频带声功率级：⑦＝$10\times\lg\left(10^{\frac{④}{10}}+10^{\frac{⑥}{10}}\right)$	71	74	70	54	51	57	57	55	66

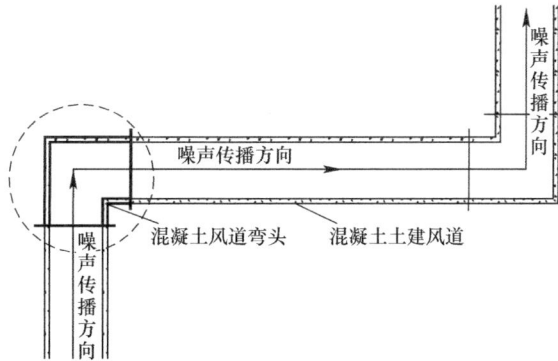

图 9-4 光滑混凝土建筑风道弯头示意图

表 9-6 光滑混凝土建筑风道弯头衰减的计算过程表

项目	序号	计算内容	倍频带中心频率（Hz）								L_{wA}
			63	125	250	500	1k	2k	4k	8k	
			(dB)								
弯头入口	①	隧道风机经过一台 3m 长的消声器后的残余噪声入射到光滑混凝土建筑风道弯头，上游入射的残余噪声倍频带声功率级	101	101	97	79	77	83	86	83	93

项目	序号	计算内容	倍频带中心频率（Hz）								L_{wA}
			63	125	250	500	1k	2k	4k	8k	
			(dB)								
传声损失	②	查表 7-4，可得单个光滑混凝土建筑风道弯头的传声损失	1	2	2	2	2	2	3	3	—
	③	上游入射噪声经过 1 个建筑风道弯头，在弯头出口处的残余噪声倍频带声功率级：③＝①－②	100	99	95	77	75	81	83	80	91
气流噪声	④	查表 7-7，可得气流噪声各倍频带声功率级的修正值	−2	−2	−7	−8	−10	−12	−15	−19	—
	⑤	根据式（7-2）计算，气流在风道弯头内再生的气流噪声声功率级：$L_w=C+10\times\lg(S)+60\times\lg(v)$，其中：查表 7-6，$C=0$；$v=60/(5\times5.5)=2.2\text{m/s}$；$S=5\times5.5=27.5\text{m}^2$。$L_w=0+10\times\lg(27.5)+60\times\lg(2.2)=35\text{dB}$ 风道弯头内的气流噪声倍频带声功率级：⑤＝L_w＋④＝35＋④	33	33	28	27	25	23	20	16	30
弯头出口	⑥	根据式（6-8）计算，从弯头出口辐射到下游的倍频带声功率级：⑥＝$10\times\lg\left(10^{\frac{③}{10}}+10^{\frac{⑤}{10}}\right)$	100	99	95	77	75	81	83	80	91

9.2.5 光滑混凝土建筑风道

已知条件：长度 20m 的光滑混凝土建筑风道，截面尺寸 1×0.5（宽×高，单位 m），过风管的流量：60m³/s。如图 9-5 所示，计算过程见表 9-7。

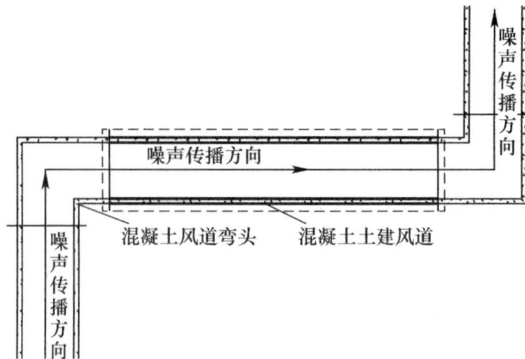

图 9-5 光滑混凝土建筑风道示意图

表 9-7 光滑混凝土建筑风道衰减的计算过程表

项目	序号	计算内容	倍频带中心频率（Hz）								L_{wA}
			63	125	250	500	1k	2k	4k	8k	
			(dB)								
风道入口	①	由上游的风道弯头出口处入射到光滑混凝土建筑风道入口处的残余噪声倍频带声功率级	100	99	95	77	75	81	83	80	91
传声损失	②	查表 7-1，可得光滑混凝土建筑风道的单位长度传声损失	0.14	0.16	0.12	0.14	0.2	0.28	0.36	0.56	—
	③	长度 20m 的光滑混凝土建筑风道的传声损失＝20×②	3	3	2	3	4	6	7	11	—
	④	经过 20m 的建筑风道后，风道末端的残余噪声倍频带声功率级：④＝①－③	97	96	93	74	71	75	76	69	87
气流噪声	⑤	查表 7-7，得到气流噪声各倍频带声功率级的修正值	−2	−2	−7	−8	−10	−12	−15	−19	
	⑥	根据式（7-2）计算，气流在建筑风道内再生的气流噪声声功率级：$L_w＝C＋10×\lg(S)＋60×\lg(v)$，其中：查表 7-2，$C＝－10$；$v＝60/(5×5.5)＝2.2$m/s；$S＝5×5.5＝27.5$m^2。$L_w＝－10＋10×\lg(27.5)＋60×\lg(2.2)＝25$dB 建筑风道内的气流噪声倍频带声功率级：⑥＝$L_w$＋⑤＝25＋⑤	23	23	18	17	15	13	10	6	20
风道出口	⑦	根据式（6-8）计算，从建筑风道出口处辐射到下游的倍频带声功率级：$⑦＝10×\lg\left(10^{\frac{⑥}{10}}＋10^{\frac{④}{10}}\right)$	97	96	93	74	71	75	76	69	87

9.3 噪声由风口对内辐射到房间测点处的计算示例

9.3.1 已知条件

（1）某轴流风机噪声经过多个衰减环节（衰减环节的计算示例见 9.2.1 小节、9.2.2

小节、9.2.3 小节的计算过程表）后，部分残余噪声由支管三通的出口入射到某房间的支管，经过一段薄钢板矩形支管传播衰减，入射到风管末端（房间送/回风口）的残余噪声声功率级如表 9-8 所示。

表 9-8 风管末端的残余噪声声功率级

倍频带中心频率（Hz）	63	125	250	500	1k	2k	4k	8k	L_{wA}
至风管末端残余噪声的倍频带声功率级（dB）	63	69	71	50	32	28	36	39	63

（2）房间风口数量：4 个（2 个回风口、2 个送风口）。

（3）风口形式：方形散流器，有效流通面积率为 80%。

（4）风口处风速为：3.1m/s。

（5）风口尺寸：0.5×0.2（长×宽，单位 m）。

（6）房间表面材料：光滑混凝土。

（7）房间尺寸：6×3×3（长×宽×高，单位 m）。

（8）测点到任意一个回风口的距离 $r_1 = 1$m，测点到任意一个送风口的距离 $r_2 = 3.16$m。

（9）Ω：风管末端的立体角，风口位于房间顶部，距其他反射壁面大于 1m，查表 7-8 可知，$\Omega = 2\pi$。

（10）风口指向性：$Q_i = 2$（查表 7-10）。

测点与风口的位置、距离如图 9-6 所示。

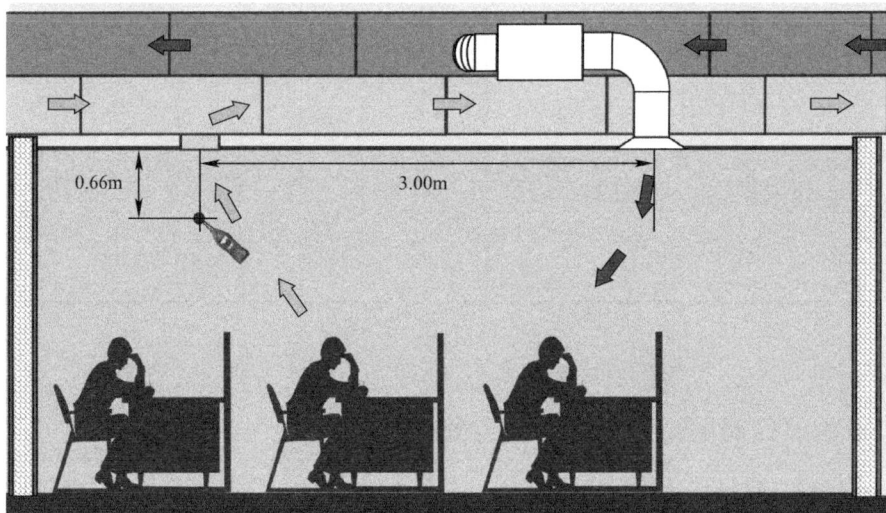

图 9-6 测点与风口的位置、距离示意图

9.3.2 计算过程表

计算过程如表 9-9 所示。

表 9-9 噪声由风口末端辐射入房间测点的计算过程表

项目	序号	计算说明	倍频带中心频率（Hz）								L_{wA}
			63	125	250	500	1k	2k	4k	8k	
			(dB)								
声源	①	上游的残余噪声入射到风管末端（房间风口）的倍频带声功率级	63	69	71	50	32	28	36	39	63
风口末端反射	②	根据式（7-3）计算风口末端反射衰减： $D_{td}=10\times\lg\left[1+\left(\dfrac{c}{4\times\pi\times f}\right)^2\times\dfrac{\Omega}{S}\right]$ S：风管的断面积，$0.5\times0.2=0.1\text{m}^2$； Ω：风管末端的立体角（查表 7-8） $\Omega=2\pi$； c：一个标准大气压下，$c=340\text{m/s}$	11	6	2	1	0	0	0	0	
风口气流噪声	③④	③气流在风口处再生的气流噪声声功率级，根据式（7-5）计算得到： $L_w=32+13\times\lg(S)+60\times\lg(v)$ L_w：气流噪声声功率级，dB； v：气流经过截面的空气流速，$3.1\div80\%=3.9\text{m/s}$； S：气流经过构件最小截面的截面积，$0.5\times0.2\times80\%=0.08\text{m}^2$； $L_w=32+13\times\lg(0.08)+60\times\lg(3.9)=53\text{dB}$ ④：查表 7-9 可知，散流器气流噪声倍频带声功率级的修正值（见右侧数据）	−7	−6	−5	−6	−10	−17	−26	−35	
	⑤	风口处气流噪声的倍频带声功率级： ⑤＝③＋④	46	47	48	47	43	36	27	18	48
由风口辐射入房间声功率级	⑥	由风口辐射入房间的声功率级，需要把风管末端声功率级与风口末端反射衰减、风口末端气流噪声进行叠加计算： ⑥：$L_{w,i}=10\times\lg\left(10^{\frac{①-②}{10}}+10^{\frac{⑤}{10}}\right)$	53	63	69	51	44	37	37	39	61

项目	序号	计算说明	倍频带中心频率（Hz）								L_{wA}
			63	125	250	500	1k	2k	4k	8k	
			(dB)								
传至测点的直达声声压级	⑦⑧	根据式（7-7）可知，单个风口传至测点直达声的倍频带声压级：$L_{pd,i}=L_{w,i}+10\times\lg(Q_i)+10\times\lg\left(\dfrac{1}{4\times\pi\times r^2}\right)$ 房间内共有 4 个风口，每个风口末端辐射入房间的声功率级相同，根据式（7-9）叠加计算，4 个风口分别传至同一个测点的直达声倍频带声压级叠加总和为：$L_{pd,i总}=L_{w,i}+10\times\lg(Q_i)+10\times\lg\left(\dfrac{1}{4\times\pi}\right)+10\times\lg\left[\sum\limits_{n=1}^{N}\dfrac{1}{r_n^2}\right]$ ⑦：$10\times\lg\left(\dfrac{1}{4\times\pi}\right)+10\times\lg\left[\sum\limits_{n=1}^{4}\left(\dfrac{1}{r_n^2}\right)\right]=$ $10\times\lg\left(\dfrac{1}{4\times\pi}\right)+10\times\lg\left[1^2+1^2+\dfrac{1}{3.16^2}+\dfrac{1}{3.16^2}\right]=-11+3.4=-7.6\text{dB}$ Q_i：倍频带指向性系数，由图 9-6 查表 7-10，得到 $Q_i=2$；倍频带指向性系数的增量 $10\times\lg(Q_i)$ 通过查表 7-12 获得， ⑧：$10\times\lg(Q_i)$（见右侧数据）	4	5	6	7	8	9	9	9	
	⑨	4 个风口传至测点处直达声倍频带声压级叠加总和⑨：$L_{pd,i}=⑥+⑧+⑦$	49	61	67	51	44	38	38	40	59
传至测点的混响声声压级	⑩⑪	根据式（7-14）可知，传至测点的混响声倍频带声压级 $L_{pR,i}=L_{w,i}+10\times\lg\left(\dfrac{4}{R}\right)+10\times\lg(N)$ R：房间常数，$R=\dfrac{S\times\alpha}{1-\alpha}$，$\alpha$ 为吸声系数，查表 7-14 可知"光滑混凝土表面"对应的吸声系数； S：房间表面积 $6\times3\times2+6\times3\times2+3\times3\times2=90\text{m}^2$， 则⑩：$10\times\lg\left(\dfrac{4}{R}\right)$ 的计算值见右侧数据： N：房间内风口总数量，计算混响声时需要考虑房间内所有风口作用下的混响效应。已知，$N=4$， 则⑪：$10\times\lg(N)=6\text{dB}$	-4	-4	-1	-2	-2	-3	-3	-2	

项目	序号	计算说明	倍频带中心频率（Hz）								L_{wA}
			63	125	250	500	1k	2k	4k	8k	
			(dB)								
传至测点的混响声声压级	⑫	传至测点处的混响声倍频带声压级 ⑫：$L_{pR,i}=⑥+⑩+⑪$	55	65	74	55	48	40	40	43	66
测点处总声场的声压级	⑬	根据式（7-17）可知，测点处总声场倍频带声压级为： ⑬：$L_{p,i}=10\lg\left(10^{\frac{L_{pd,i}}{10}}+10^{\frac{L_{pR,i}}{10}}\right)$ $=10\lg\left(10^{\frac{⑨}{10}}+10^{\frac{⑫}{10}}\right)$	56	66	75	57	49	42	42	45	66

9.4 噪声由风亭口部对外辐射到测点处的计算示例

9.4.1 已知条件

（1）某典型隧道风机噪声经过多个衰减环节（衰减环节的计算示例见 9.2.4 小节、9.2.5 小节的计算过程表）后，残余噪声传至风亭口部的声功率级如表 9-10 所示。

表 9-10 残余噪声传至风亭口部的声功率级

倍频带中心频率（Hz）	63	125	250	500	1k	2k	4k	8k	L_{wA}
传至风亭口部的倍频带声功率级（dB）	97	96	93	74	71	75	76	69	87

（2）风亭形式为：低矮敞口风亭。

（3）风口尺寸：5×5（长×宽，单位 m）。

（4）风口中心点至测点的距离（图 9-7）：

● 风口中心到测点的横向距离 $X=7.6\text{m}$；

● 风口中心到测点的纵向距离 $Y=0\text{m}$；

● 测点与风口中心平面的垂直距离 $Z=1\text{m}$；

风口中心点至测点的距离 $r=\sqrt{X^2+Y^2+Z^2}=7.6\text{m}$

71

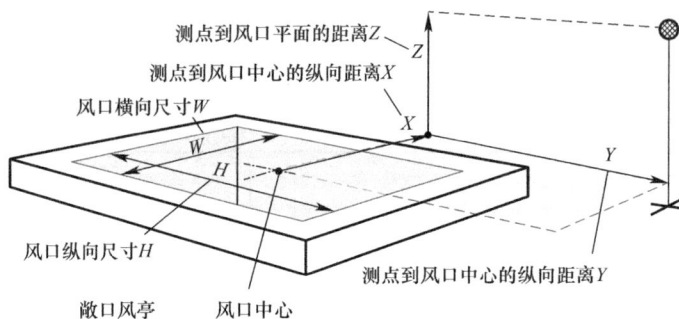

图 9-7　敞口风亭风口与测点的示意图

（5）风口指向性：把地面看作反射面，风亭周围没有其他反射物时，可视作半自由场，$Q=2$。

9.4.2　计算示例

如表 9-11 所示。

表 9-11　噪声由风亭口部传至测点的计算过程表

项目	序号	计算内容	倍频带中心频率（Hz）								L_{wA}
			63	125	250	500	1k	2k	4k	8k	
			(dB)								
声源	①	传至风亭口部的倍频带声功率级	97	96	93	74	71	75	76	69	87
风亭口部末端反射	②	根据式（7-3）计算，风口末端反射衰减值：$D_{td}=10\times\lg\left[1+\left(\dfrac{c}{4\times\pi\times f}\right)^2\times\dfrac{\Omega}{S}\right]$ 末端反射衰减值与频率、风口截面面积成反比，风口截面面积越大，中高频的衰减值为 0，低频的衰减值不大于 1，可以忽略不急，因此，该风亭部的末端反射衰减值忽略不计，取值为 0	0	0	0	0	0	0	0	0	
测点的声压级	③	根据式（7-24）计算，测点的倍频带声压级 $L_{p,i}=L_{w,i}+10\times\lg\left(\dfrac{Q_i}{4\times\pi\times r^2}\right)-\delta$ r：风口中心到测点的直线距离，$r=\sqrt{X^2+Y^2+Z^2}=7.6\mathrm{m}$；$Q_i$：风口指向性，$Q_i=2$；则，$10\times\lg\left(\dfrac{2}{4\times\pi\times7.6^2}\right)=-25$；$\delta$：修正值，查表 7-17 可知，$X>6\mathrm{m}$，$\delta=0$；测点的倍频带声压级：③＝①－25，见右侧数据	72	71	68	49	46	50	51	44	62

9.5 隧道通风系统对外噪声控制设计的计算示例

9.5.1 已知条件

选取某典型隧道风机，风量 $60m^3/s$，风机出口处倍频带声功率级见表 9-12。

表 9-12 某典型隧道风机出口处倍频带声功率级

项目	倍频带中心频率（Hz）								L_{wA}
	63	125	250	500	1k	2k	4k	8k	
	（dB）								
风机出口处倍频带声功率级	105	111	117	115	112	108	103	96	117

隧道通风系统噪声传播路径见图 9-8，声源（TVF 风机）⇒消声器 ［尺寸：3×4.2×3（宽×高×长，单位 m）］⇒光滑混凝土土建弯头 ［截面尺寸：5×5.5（宽×高，单位 m）］⇒光滑混凝土土建风道 ［截面尺寸：5×5.5－20（宽×高一长，单位 m）］⇒风亭口部 ［尺寸：5×5.5（宽×高，单位 m）］⇒测点（风亭口部中心到测点的距离：横向距离 $X=16m$，纵

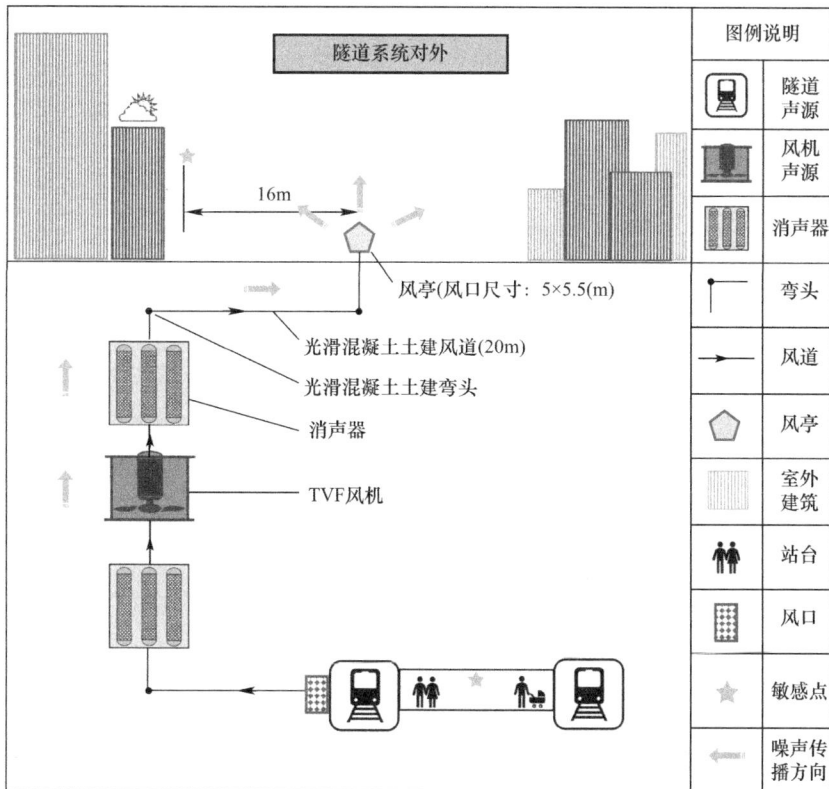

图 9-8 典型隧道风机对外噪声传播路径示意图

向距离 $Y=0$m，口部中心与测点的垂直高度 $Z=0$m）。

9.5.2 计算过程表

计算过程如表 9-13 所示。

表 9-13 某典型隧道风机对外噪声控制设计的计算过程表

项目	序号	计算内容	倍频带中心频率（Hz）								L_{wA}
			63	125	250	500	1k	2k	4k	8k	
			(dB)								
声源	①	风机出口处倍频带声功率级	105	111	117	115	112	108	103	96	117
消声器：3×4.2×3(m)	②	传声损失	4	10	20	36	35	25	17	13	—
	③	噪声经过 1 个消声器，衰减后的声功率级③＝①－②	101	101	97	79	77	83	86	83	93
	④	气流在消声器内再生的气流噪声倍频带声功率级	38	42	41	42	43	46	36	22	49
	⑤	根据式（6-8）计算，消声器出口处的残余噪声倍频带声功率级：$L_w=10\times\lg\left(10^{\frac{L_{w1}}{10}}+10^{\frac{L_{w2}}{10}}\right)$；其中：$L_{w1}=$③，$L_{w2}=$④；⑤$=10\times\lg\left(10^{\frac{③}{10}}+10^{\frac{④}{10}}\right)$	101	101	97	79	77	83	86	83	93
光滑混凝土建筑风道弯头	⑥	风道尺寸 5×5.5（m），查表 7-4 可知，噪声沿 1 个风道弯头的传声损失	1	2	2	2	2	2	3	3	—
	⑦	噪声经 1 个风道弯头，弯头出口处的残余噪声倍频带声功率级⑦＝⑤－⑥	100	99	95	77	75	81	83	80	91
	⑧	查表 7-7，可得气流噪声各倍频带声功率级的修正值	−2	−2	−7	−8	−10	−12	−15	−19	
	⑨	根据式（7-2）计算，风道弯头的气流噪声声功率级：$L_w=C+10\times\lg(S)+60\times\lg(v)$ 其中：查表 7-6，$C=0$（dB）；$v=\dfrac{60}{(5\times5.5)}=2.2$m/s；$S=5\times5.5=27.5$m²；$L_w=0+10\times\lg(27.5)+60\times\lg(2.2)=35$（dB）风道弯头的气流噪声倍频带声功率级⑨＝$L_w$＋⑧	33	33	28	27	25	23	20	16	30
	⑩	根据式（6-8）计算，风道弯头出口对下游辐射的倍频带声功率级：$L_w=10\times\lg\left(10^{\frac{L_{w1}}{10}}+10^{\frac{L_{w2}}{10}}\right)$ 其中：$L_{w1}=$⑦，$L_{w2}=$⑨。⑩$=10\times\lg\left(10^{\frac{⑦}{10}}+10^{\frac{⑨}{10}}\right)$	100	99	95	77	75	81	83	80	91

项目	序号	计算内容	倍频带中心频率（Hz）								L_{wA}
			63	125	250	500	1k	2k	4k	8k	
			（dB）								
光滑混凝土建筑风道	⑪	风道尺寸（m）5×5.5，查表 7-1，建筑风道单位长度的传声损失	0.14	0.16	0.12	0.14	0.2	0.28	0.36	0.56	—
	⑫	长度 20m 的混凝土建筑风道传声损失⑫＝20×⑪	3	3	2	3	4	6	7	11	—
	⑬	噪声经长度 20m 的建筑风道衰减后的残余噪声倍频带功率级⑬＝⑩－⑫	97	96	93	74	71	75	76	69	87
	⑭	查表 7-7，可得气流噪声各倍频带声功率级的修正值	－2	－2	－7	－8	－10	－12	－15	－19	—
	⑮	根据式（7-2）计算，建筑风道的气流噪声声功率级： $L_w = C + 10 \times lg(S) + 60 \times lg(v)$ 其中：查表 7-6，$C = -10$（dB）； $v = \dfrac{60}{(5 \times 5.5)} = 2.2 \text{m/s}$； $S = 5 \times 5.5 = 27.5 \text{m}^2$； $L_w = -10 + 10 \times lg(27.5) + 60 \times lg(2.2) = 25$， 建筑风道的气流噪声倍频带声功率级⑮＝$L_w$＋⑭	23	23	18	17	15	13	10	6	20
	⑯	根据式（6-8）计算，建筑风道末端对下游辐射的倍频带声功率级： $L_w = 10 \times lg\left(10^{\frac{L_{w1}}{10}} + 10^{\frac{L_{w2}}{10}}\right)$ 其中：L_{w1}＝⑬，L_{w1}＝⑮ ⑯＝$10 \times lg\left(10^{\frac{⑬}{10}} + 10^{\frac{⑮}{10}}\right)$	97	96	93	74	71	75	76	69	87
风亭口部	⑰	根据式（7-3）计算，风口末端反射衰减值： $D_{td} = 10 \times lg\left[1 + \left(\dfrac{c}{4 \times \pi \times f}\right)^2 \times \dfrac{\Omega}{S}\right]$ 末端反射衰减值与频率、风口截面积成反比，风口截面面积越大，中高频的衰减值为 0，低频的衰减值不大于 1，可以忽略不计，因此，对该风亭口部的末端反射衰减值忽略不计，取值为 0	0	0	0	0	0	0	0	0	—

项目	序号	计算内容	倍频带中心频率（Hz）								L_{wA}
			63	125	250	500	1k	2k	4k	8k	
			(dB)								
测点	⑱	根据式（7-24）计算，测点的倍频带声压级 $L_{p,i}=L_{w,i}+10\times\lg\left(\dfrac{Q}{4\times\pi\times r^2}\right)-\delta$ r：风口中心到测点的直线距离， $r=\sqrt{X^2+Y^2+Z^2}=16m$; Q：风口指向性，把地面看作反射面，周围没有其他反射物时，视作半自由场，$Q=2$; 则，⑱$=10\times\lg\left(\dfrac{2}{4\times\pi\times16^2}\right)-0=-32$; δ：修正值，查表 7-17 可知，$X>6m$，$\delta=0$	−32	−32	−32	−32	−32	−32	−32	−32	—
	⑲	测点处声压级⑲＝⑯＋⑰＋⑱	65	64	61	42	39	43	44	36	55

注：表中消声器的性能参数②和④由消声器供应商提供。

9.6 在全压损失不变下，不同长度的消声器技术参数对比

在通风空调系统中设置消声器的目的是消声，但消声的同时会增加系统的通风阻力。本节以某个典型隧道通风系统为例，当系统通风阻力不变时，选用两种不同长度的消声器分别代入系统中设计计算，计算过程见表 9-15、表 9-16，两个方案的技术参数对比见表 9-17。

已知：系统降噪目标为 55dB（A），风机风量为 60m³/s，风机出口处 A 计权声功率级 117dB（A），见表 9-14。风机噪声传至风亭口部的传播路径包括 10m 长的混凝土风道和 1 个土建风道弯头，风亭口部与测点之间的距离为 12m，见图 9-9。

表 9-14 某典型隧道风机声功率级频谱特性

项目	倍频带中心频率（Hz）								L_{wA}
	63	125	250	500	1k	2k	4k	8k	
	dB								
风机出口倍频带声功率级	105	111	117	115	112	108	103	96	117

9.6.1 方案一：设置一台 3m 长消声器

方案一选用的消声器外形尺寸为 3×4×3（宽×高×长，单位 m），风机噪声传至室外测点的计算过程见表 9-15。

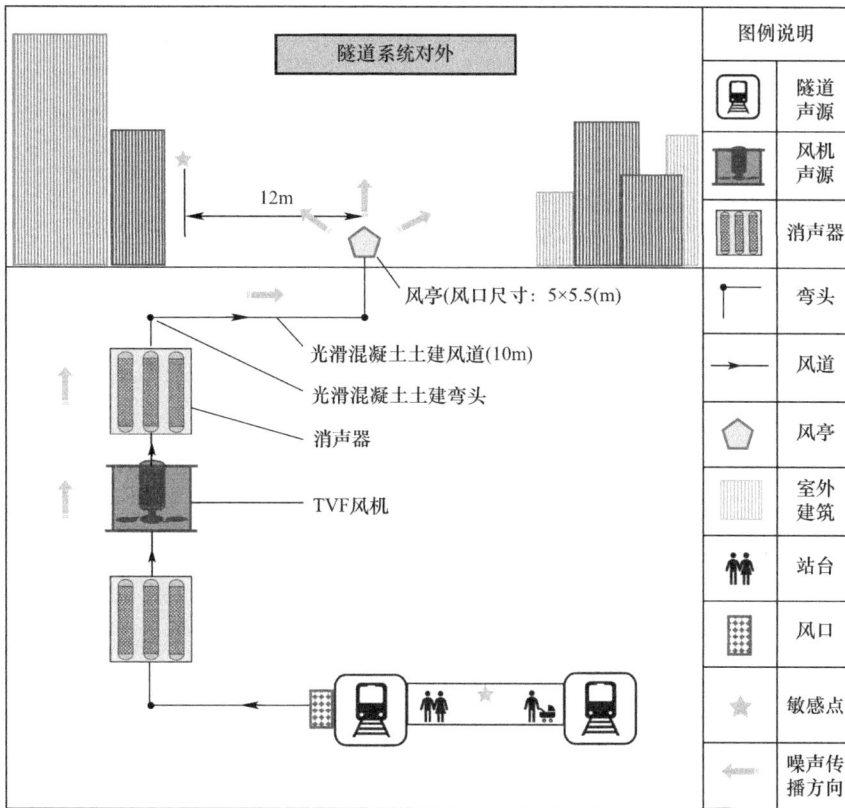

图 9-9　某典型隧道通风系统噪声传播路径示意图

表 9-15　方案一的计算过程表

项目	序号	计算说明	倍频带中心频率（Hz）								L_{wA}
			63	125	250	500	1k	2k	4k	8k	
			dB								
声源	①	风机出口处倍频带声功率级	105	111	117	115	112	108	103	96	117
消声器	②	消声器尺寸：3×4×3（宽×高×长，单位 m）；其传声损失	−4	−10	−21	−38	−38	−27	−18	−14	—
	③	消声器气流噪声倍频带声功率级	40	44	44	44	45	48	38	25	52
	④	消声器出口处残余噪声的倍频带声功率级 $=10 \cdot \lg\left(10^{\frac{①+②}{10}}+10^{\frac{③}{10}}\right)$	101	101	96	77	74	81	85	82	92
风道弯头	⑤	经过 1 个混凝土风道弯头，其传声损失查表 7-4 计算可得	−1	−2	−2	−2	−2	−2	−3	−3	—
	⑥	风道弯头的气流噪声倍频带声功率级，根据式（7-2）及查表 7-6、表 7-7 计算可得	35	35	30	29	27	25	22	18	32
	⑦	由弯头出口处向下游辐射的残余噪声倍频带声功率级 $=10 \cdot \lg\left(10^{\frac{④+⑤}{10}}+10^{\frac{⑥}{10}}\right)$	100	99	94	75	71	78	82	78	90

项目	序号	计算说明	倍频带中心频率（Hz）								L_{wA}
			63	125	250	500	1k	2k	4k	8k	
			dB								
风道传播	⑧	经过10m的建筑风道，其传声损失查表7-1计算可得	−1	−2	−1	−1	−2	−3	−4	−6	—
	⑨	建筑风道的气流噪声倍频带声功率级，根据式（7-2）及查表7-6、表7-7计算可得	25	25	20	19	17	15	12	8	22
	⑩	建筑风道出口处向下游辐射的残余噪声倍频带声功率级 $=10 \cdot \lg\left(10^{\frac{⑦+⑧}{10}}+10^{\frac{⑨}{10}}\right)$	99	97	93	74	69	76	79	73	88
风亭口部	⑪	风亭口部的噪声声功率级=⑩	99	97	93	74	69	76	79	73	88
	⑫	风亭口部中心横向距离 $X=12\text{m}$（图7-4），根据式（7-24）计算风亭口部声功率级与测点处声压级的差值	−32	−32	−32	−32	−32	−32	−32	−32	—
测点	⑬	测点倍频带声压级=⑪+⑫	66	64	60	41	37	43	46	40	55
		降噪目标≤55dB(A)	55dB(A)=55dB(A)，达标								

9.6.2 方案二：设置一台2.5m长消声器

选用的消声器外形尺寸为 $3 \times 4 \times 2.5$（宽×高×长，单位 m），风机噪声传至室外测点的计算过程表见表 9-16。

表 9-16　方案二的计算过程表

项目	序号	计算说明	倍频带中心频率（Hz）								L_{wA}
			63	125	250	500	1k	2k	4k	8k	
			dB								
声源	①	风机出口处倍频带声功率级	105	111	117	115	112	108	103	96	117
消声器	②	消声器尺寸：$3 \times 4 \times 2.5$（宽×高×长，单位 m）；其传声损失	−4	−10	−19	−34	−34	−25	−17	−13	—
	③	消声器气流噪声倍频带声功率级	40	44	44	44	45	48	38	25	52
	④	消声器出口处残余噪声的倍频带声功率级 $=10 \cdot \lg\left(10^{\frac{①+②}{10}}+10^{\frac{③}{10}}\right)$	101	101	98	81	78	83	86	83	94

项目	序号	计算说明	倍频带中心频率/Hz 63	125	250	500	1k	2k	4k	8k	L_{wA}
			dB								
风道弯头	⑤	经过 1 个混凝土风道弯头，其传声损失查表 7-4 计算可得	−1	−2	−2	−2	−2	−2	−3	−3	—
	⑥	风道弯头的气流噪声倍频带声功率级，根据式（7-2）及查表 7-6、表 7-7 计算可得	35	35	30	29	27	25	22	18	32
	⑦	由弯头出口处向下游辐射的残余噪声倍频带声功率级 $=10 \cdot \lg \left(10^{\frac{④+⑤}{10}}+10^{\frac{⑥}{10}}\right)$	100	99	96	79	76	81	84	80	91
风道传播	⑧	经过 10m 的建筑风道，其传声损失查表 7-1 计算可得	−1	−2	−1	−1	−2	−3	−4	−6	—
	⑨	建筑风道的气流噪声倍频带声功率级，根据式（7-2）及查表 7-6、表 7-7 计算可得	25	25	20	19	17	15	12	8	22
	⑩	建筑风道出口处向下游辐射的残余噪声倍频带声功率级 $=10 \cdot \lg \left(10^{\frac{⑦+⑧}{10}}+10^{\frac{⑨}{10}}\right)$	99	98	95	78	74	78	80	74	89
风亭口部	⑪	风亭口部的噪声声功率级 $=⑩$	99	98	95	78	74	78	80	74	89
	⑫	风亭口部中心横向距离 $X=12\text{m}$（图 7-4），根据式（7-24）计算风亭口部声功率级与测点处声压级的差值	−32	−32	−32	−32	−32	−32	−32	−32	—
测点	⑬	测点倍频带声压级 $=⑪+⑫$	66	65	62	45	41	46	48	41	57
		降噪目标≤55dB（A）	57dB（A）>55dB（A），不达标								

9.6.3 对比小结

由上述 9.6.1 小节、9.6.2 小节的方案对比可知，在全压损失不变的情况下，随着消声器长度的减少，消声量减少，虽然保证了系统风机的运行工况点，但无法满足系统的降噪目标。消声器性能参数对比见表 9-17。

表 9-17　消声器性能参数对比表

消声方案	长度（m）	通流比	消声量（dB）	全压损失（Pa）	全压损失系数
方案一	3.0	58%	25	25	1.67
方案二	2.5	58%	22	24	1.60

9.7　在相同的降噪目标下，不同长度的消声器技术参数对比

对于同一个降噪目标，可选取多种消声方案（消声器的长度、通流比不同）来实现。本节仍以 9.6 节的已知条件为例，套用三种不同长度的消声器分别代入系统中设计计算，通过改变消声器的通流比保证满足降噪目标，计算过程见表 9-18、表 9-19、表 9-20。

9.7.1　方案一：设置一台 4m 长消声器

方案一选用的消声器外形尺寸为 3×4×4（宽×高×长，单位 m），风机噪声传至室外测点的计算过程表见表 9-18。

表 9-18　方案一的计算过程表

项目	序号	计算说明	倍频带中心频率（Hz）								L_{wA}
			63	125	250	500	1k	2k	4k	8k	
			dB								
声源	①	风机出口处倍频带声功率级	105	111	117	115	112	108	103	96	117
消声器	②	消声器尺寸：3×4×4（宽×高×长，单位 m）；其传声损失	−4	−11	−22	−42	−37	−26	−18	−14	—
	③	消声器气流噪声倍频带声功率级	38	42	41	41	43	46	35	21	49
	④	消声器出口处残余噪声的倍频带声功率级 $=10 \cdot \lg \left(10^{\frac{①+②}{10}} + 10^{\frac{③}{10}} \right)$	101	100	95	73	75	82	85	82	92
风道弯头	⑤	经过 1 个混凝土风道弯头，其传声损失查表 7-4 计算可得	−1	−2	−2	−2	−2	−2	−3	−3	—
	⑥	风道弯头的气流噪声倍频带声功率级，根据式（7-2）及查表 7-6、表 7-7 计算可得	35	35	30	29	27	25	22	18	32

项目	序号	计算说明	倍频带中心频率（Hz）								L_{wA}
			63	125	250	500	1k	2k	4k	8k	
			dB								
风道弯头	⑦	由弯头出口处向下游辐射的残余噪声倍频带声功率级 $=10 \cdot \lg\left(10^{\frac{④+⑤}{10}}+10^{\frac{⑥}{10}}\right)$	100	98	93	71	73	80	82	78	89
风道传播	⑧	经过 10m 的建筑风道，其传声损失查表 7-1 计算可得	−1	−2	−1	−1	−2	−3	−4	−6	—
	⑨	建筑风道的气流噪声倍频带声功率级，根据式（7-2）及查表 7-6、表 7-7 计算可得	25	25	20	19	17	15	12	8	22
	⑩	建筑风道出口处向下游辐射的残余噪声倍频带声功率级 $=10 \cdot \lg\left(10^{\frac{⑦+⑧}{10}}+10^{\frac{⑨}{10}}\right)$	99	97	92	70	71	77	79	73	87
风亭口部	⑪	风亭口部的噪声声功率级＝⑩	99	97	92	70	71	77	79	73	87
	⑫	风亭口部中心横向距离 $X=12$m（图 7-4），根据式（7-24）计算风亭口部声功率级与测点处声压级的差值	−32	−32	−32	−32	−32	−32	−32	−32	—
测点	⑬	测点倍频带声压级＝⑪+⑫	66	64	59	38	38	44	46	40	55
		降噪目标≤55dB(A)	55dB(A)＝55dB(A)，达标								

9.7.2 方案二：设置一台 3m 长消声器

方案二选用的消声器外形尺寸为 3×4×3（宽×高×长，单位 m），风机噪声传至室外测点的计算过程见表 9-19。

表 9-19 方案二的计算过程表

项目	序号	计算说明	倍频带中心频率（Hz）								L_{wA}
			63	125	250	500	1k	2k	4k	8k	
			dB								
声源	①	风机出口处倍频带声功率级	105	111	117	115	112	108	103	96	117

项目	序号	计算说明	倍频带中心频率（Hz）								L_{wA}
			63	125	250	500	1k	2k	4k	8k	
			dB								
消声器	②	消声器尺寸：3×4×3（宽×高×长，单位 m）；其传声损失	−4	−10	−21	−38	−38	−27	−18	−14	—
	③	消声器气流噪声倍频带声功率级	40	44	44	44	45	48	38	25	52
	④	消声器出口处残余噪声的倍频带声功率级 $=10 \cdot \lg\left(10^{\frac{①+②}{10}}+10^{\frac{③}{10}}\right)$	101	101	96	77	74	81	85	82	92
风道弯头	⑤	经过 1 个混凝土风道弯头，其传声损失查表 7-4 计算可得	−1	−2	−2	−2	−2	−2	−3	−3	—
	⑥	风道弯头的气流噪声倍频带声功率级，根据式（7-2）及查表 7-6、表 7-7 计算可得	35	35	30	29	27	25	22	18	32
	⑦	由弯头出口处向下游辐射的残余噪声倍频带声功率级 $=10 \cdot \lg\left(10^{\frac{④+⑤}{10}}+10^{\frac{⑥}{10}}\right)$	100	99	94	75	71	78	82	78	90
风道传播	⑧	经过 10m 的建筑风道，其传声损失查表 7-1 计算可得	−1	−2	−1	−1	−2	−3	−4	−6	—
	⑨	建筑风道的气流噪声倍频带声功率级，根据式（7-2）及查表 7-6、表 7-7 计算可得	25	25	20	19	17	15	12	8	22
	⑩	建筑风道出口处向下游辐射的残余噪声倍频带声功率级 $=10 \cdot \lg\left(10^{\frac{⑦+⑧}{10}}+10^{\frac{⑨}{10}}\right)$	99	97	93	74	69	76	79	73	88

项目	序号	计算说明	倍频带中心频率（Hz）								L_{wA}
			63	125	250	500	1k	2k	4k	8k	
			dB								
风亭口部	⑪	风亭口部的噪声声功率级＝⑩	99	97	93	74	69	76	79	73	88
	⑫	风亭口部中心横向距离 $X=12$m（图 7-4），根据式（7-24）计算风亭口部声功率级与测点处声压级的差值为	−32	−32	−32	−32	−32	−32	−32	−32	—
测点	⑬	测点倍频带声压级＝⑪＋⑫	66	64	60	41	37	43	46	40	55
		降噪目标≤55dB(A)	55dB(A)＝55dB(A)，达标								

9.7.3 方案三：设置一台 2.5m 长消声器

方案三选用的消声器外形尺寸为 $3\times4\times2.5$（宽×高×长，单位 m），风机噪声传至室外测点的计算过程见表 9-20。

9.7.4 对比小结

由以上三个方案对比可以看出，在相同的降噪目标下，消声器占用空间受限时，在消声器横截面不变且消声器长度缩短后，可以通过减小通流比来保证消声量，但会导致全压损失增大（表 9-21），进而影响系统风机的运行工况点。

表 9-20 方案三的计算过程表

项目	序号	计算说明	倍频带中心频率（Hz）								L_{wA}
			63	125	250	500	1k	2k	4k	8k	
			dB								
声源	①	风机出口处倍频带声功率级	105	111	117	115	112	108	103	96	117
消声器	②	消声器尺寸：$3\times4\times2.5$（宽×高×长，单位 m）；其传声损失	−4	−11	−21	−36	−41	−35	−24	−17	—
	③	消声器气流噪声倍频带声功率级	45	48	48	48	49	52	43	31	56
	④	消声器出口处残余噪声的倍频带声功率级 $=10\cdot\lg\left(10^{\frac{①+②}{10}}+10^{\frac{③}{10}}\right)$	101	100	96	79	71	73	79	79	91

项目	序号	计算说明	倍频带中心频率（Hz）								L_{wA}
			63	125	250	500	1k	2k	4k	8k	
			dB								
风道弯头	⑤	经过 1 个混凝土风道弯头，其传声损失查表 7-4 计算可得	−1	−2	−2	−2	−2	−2	−3	−3	—
	⑥	风道弯头的气流噪声倍频带声功率级，根据式（7-2）及查表 7-6、表 7-7 计算可得	35	35	30	29	27	25	22	18	32
	⑦	由弯头出口处向下游辐射的残余噪声倍频带声功率级 $=10 \cdot \lg\left(10^{\frac{④+⑤}{10}}+10^{\frac{⑥}{10}}\right)$	100	98	95	78	69	70	76	76	89
风道传播	⑧	经过 10m 的建筑风道，其传声损失查表 7-1 计算可得	−1	−2	−1	−1	−2	−3	−4	−6	—
	⑨	建筑风道的气流噪声倍频带声功率级，根据式（7-2）及查表 7-6、表 7-7 计算可得	25	25	20	19	17	15	12	8	22
	⑩	建筑风道出口处向下游辐射的残余噪声倍频带声功率级 $=10 \cdot \lg\left(10^{\frac{⑦+⑧}{10}}+10^{\frac{⑨}{10}}\right)$	99	97	94	76	67	68	73	70	87
风亭口部	⑪	风亭口部的噪声声功率级＝⑩	99	97	94	76	67	68	73	70	87
	⑫	风亭口部中心横向距离 $X=12m$（图 7-4），根据式（7-24）计算风亭口部声功率级与测点处声压级的差值	−32	−32	−32	−32	−32	−32	−32	−32	—
测点	⑬	测点倍频带声压级＝⑪＋⑫	66	64	61	44	34	35	40	37	55
		降噪目标≤55dB(A)	55dB(A)＝55dB(A)，达标								

地铁车站通风空调系统设置消声器的主要目的是满足降噪目标，因此，系统设计选取风机型号时，为保证系统风机的运行工况，建议应先根据系统的降噪目标及消声器允许的占用空间，算出消声器可能产生的通风阻力；而不是选定风机型号后，再对设置消声器带来的通风阻力进行限制。消声器技术参数对比见表 9-21。

表 9-21 消声器技术参数对比表

消声方案	长度（m）	通流比（%）	消声量（dB）	全压损失（Pa）	全压损失系数
方案一	4.0	64	25	18	1.2
方案二	3.0	58	25	25	1.7
方案三	2.5	49	26	40	2.7

附 录 A

（资料性）

通风消声器构造示例

A.1 管道式消声器构造形式示例

如图 A-1 所示。

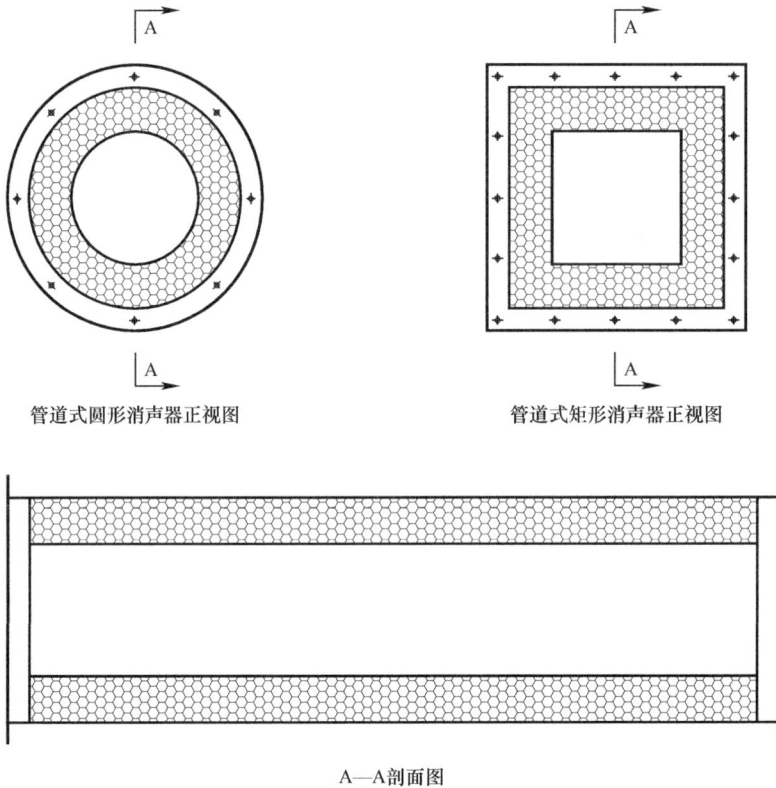

管道式圆形消声器正视图　　　　　　　管道式矩形消声器正视图

A—A剖面图

图 A-1　管道式消声器构造形式示意图

A.2 片式消声器构造形式示例

如图 A-2 所示。

A.3 阵列式消声器构造形式示例

如图 A-3 所示。

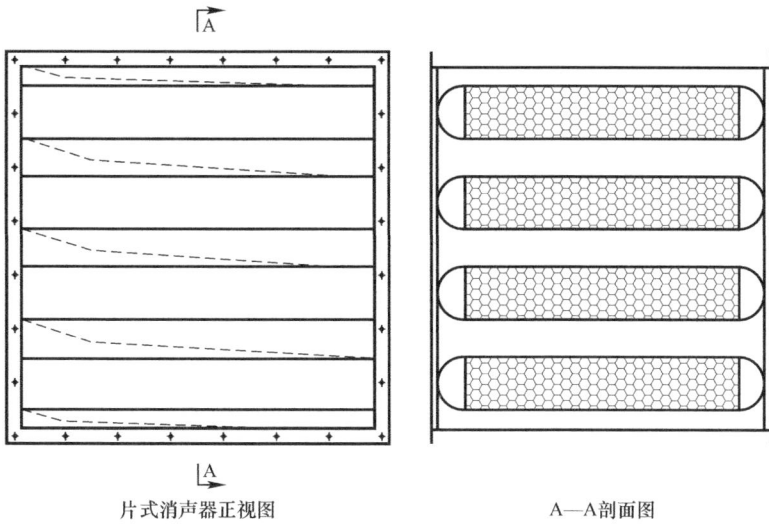

片式消声器正视图　　　　　　　　　　A—A剖面图

图 A-2　片式消声器构造形式示意图

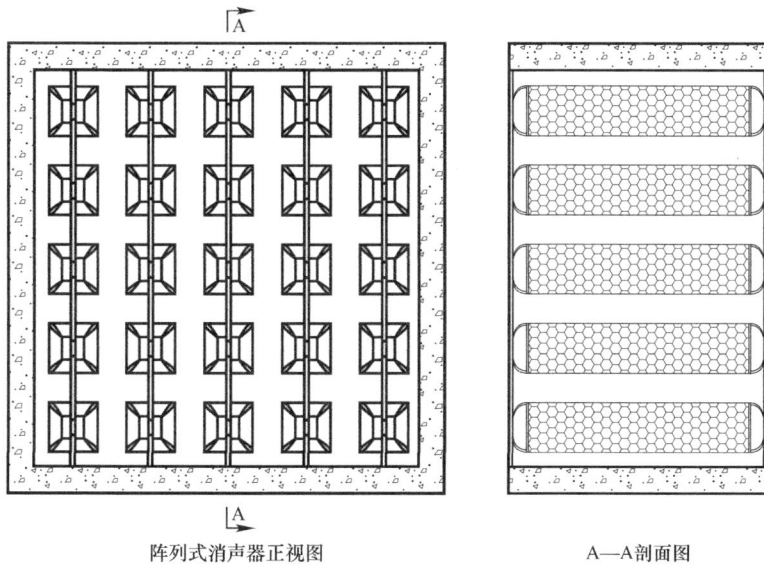

阵列式消声器正视图　　　　　　　　　　A—A剖面图

图 A-3　阵列式消声器构造形式示意图

附 录 B

（资料性）

典型系统消声器设置及相关技术参数参考资料

本附录列举了若干个地铁典型通风空调系统噪声传播控制方案的消声器主要技术参数，包括了长度、消声量、通流比、全压损失系数，仅供参考。

对这些参数有以下几点说明：1) 消声器的长度为上限，当长度超过 4000mm 时，推荐拆分成 2 台消声器，且预留不小于 300mm 间隔距离；2) 消声量为下限；3) 通流比列举了一个区间范围；4) 全压损失系数为上限。

当消声器的布置可用空间无法满足列举方案的消声器长度时，可以通过改变通流比、调整全压损失系数等方法，选择合适的消声器长度。

为方便读者查找使用，现将附录 B 所有表格内容及各表格首页页码汇总于下：

表 B-1 大型轴流风机对站外噪声控制方案技术参数（对固定监测点而言视为等效连续噪声）（第 89 页）；

表 B-2 大型轴流风机对站外噪声控制方案技术参数（对固定监测点而言视为频发噪声）（第 96 页）；

表 B-3 典型空调机组对站台公共区域噪声控制方案技术参数（第 103 页）；

表 B-4 车站隧道排热风机对站台公共区域的噪声控制方案技术参数（第 106 页）；

表 B-5 车站内部通风机对站台设备管理用房噪声控制方案技术参数（第 107 页）；

表 B-6 典型空调机组（器）对站外噪声控制方案技术参数（第 111 页）；

表 B-7 车站隧道排热风机对站外的噪声控制方案技术参数（第 127 页）；

表 B-8 车站内部并联运行通风机对站外噪声控制方案技术参数〔叠加后总声功率级 113dB（A）〕（第 135 页）；

表 B-9 车站内部并联运行通风机对站外噪声控制方案技术参数〔叠加后总声功率级 118dB（A）〕（第 137 页）；

表 B-10 车站内部并联运行通风机对站外噪声控制方案技术参数〔叠加后总声功率级 120dB（A）〕（第 139 页）；

表 B-11 列车运行对站外影响的噪声控制方案技术参数（对固定监测点而言视为频发噪声）（第 141 页）。

B. 1 区间隧道通风机对站外影响的噪声控制方案技术参数

如表 B.1、表 B.2 所示。

表 B-1　大型轴流风机对站外噪声控制方案技术参数（对固定监测点而言视为等效连续噪声）

噪声源：轴流风机

风量 m³/s	全压 Pa	声功率级 dB(A)	弯头 个	风道长度 m	风亭口部平面到监测点距离 m	3类区/4a类区 55dB(A) 消声器长度 mm	消声量 dB	通流比	全压损失系数	2类区 50dB(A) 消声器长度 mm	消声量 dB	通流比	全压损失系数	1类区 45dB(A) 消声器长度 mm	消声量 dB	通流比	全压损失系数	0类区 40dB(A) 消声器长度 mm	消声量 dB	通流比	全压损失系数
100	1100	125	1	10	1	6000	53	40%~45%	—	—	—	—	—	—	—	—	—	—	—	—	—
					5	4800	42	45%~50%	≤10	5400	48	40%~45%	≤10	—	—	—	—	—	—	—	—
					10	4200	36	50%~55%	≤7	4800	42	45%~50%	≤7	5400	48	40%~45%	≤10	6000	53	40%~45%	≤10
					15	3600	32	50%~55%	≤5	4200	39	45%~50%	≤6	4800	45	40%~45%	≤10	5400	48	40%~45%	≤10
					20	3300	30	50%~55%	≤3	3900	33	50%~55%	≤3	4500	41	45%~50%	≤6	5100	46	40%~45%	≤10
					30	3000	28	50%~55%	≤3	3600	32	50%~55%	≤3	4200	39	45%~50%	≤6	4800	42	45%~50%	≤7
			1	20	1	5700	49	40%~45%	≤10	—	—	—	—	—	—	—	—	—	—	—	—
					5	4500	42	45%~50%	≤6	5100	46	40%~45%	≤10	5100	46	40%~45%	≤10	5700	49	40%~45%	≤10
					10	3900	33	50%~55%	≤3	4500	41	45%~50%	≤6	4500	41	45%~50%	≤6	5100	46	40%~45%	≤10
					15	3300	30	50%~55%	≤3	3900	36	45%~50%	≤4	4200	39	45%~50%	≤6	4800	45	40%~45%	≤10
					20	3000	28	50%~55%	≤3	3600	32	50%~55%	≤3	3900	36	45%~50%	≤4	4500	41	45%~50%	≤6
					30	2700	26	50%~55%	≤3	3300	30	50%~55%	≤3	3600	33	50%~55%	≤3	4200	36	45%~50%	≤5
			2	30	1	5400	45	45%~50%	≤7	—	—	—	—	—	—	—	—	—	—	—	—
					5	4200	36	50%~55%	≤5	4800	42	45%~50%	≤7	4800	42	45%~50%	≤7	5400	48	40%~45%	≤10
					10	3600	32	50%~55%	≤3	4200	36	50%~55%	≤5	4200	39	45%~50%	≤6	4800	42	45%~50%	≤7
					15	3000	28	50%~55%	≤3	3600	32	50%~55%	≤3	3900	36	45%~50%	≤4	4500	41	45%~50%	≤6
					20	2700	26	50%~55%	≤3	3300	30	50%~55%	≤3	3600	32	50%~55%	≤3	4200	36	50%~55%	≤5
					30	2400	22	55%~58%	≤2	3000	26	55%~58%	≤2	3300	30	50%~55%	≤3	3900	32	50%~55%	≤3

噪声源：轴流风机

风量 m³/s	全压 Pa	声功率级 dB(A)	弯头 个	风道长度 m	风亭口评价面到监测点距离 m	3类区/4a类区 55dB(A) 消声器长度 mm	消声量 dB	通流比	全压损失系数	2类区 50dB(A) 消声器长度 mm	消声量 dB	通流比	全压损失系数	1类区 45dB(A) 消声器长度 mm	消声量 dB	通流比	全压损失系数	0类区 40dB(A) 消声器长度 mm	消声量 dB	通流比	全压损失系数
100	1100	125	2	40	1	5100	43	45%~50%	≤7	—	—	—	—	—	—	—	—	—	—	—	—
					5	3900	33	50%~55%	≤3	4500	41	45%~50%	≤6	4500	41	45%~50%	≤6	5100	46	40%~45%	≤10
					10	3300	30	50%~55%	≤3	3900	36	45%~50%	≤4	3900	36	45%~50%	≤4	4500	41	45%~50%	≤6
					15	2700	26	50%~55%	≤3	3300	30	50%~55%	≤3	3600	35	45%~50%	≤4	4200	39	45%~50%	≤6
					20	2400	22	55%~58%	≤2	3000	28	50%~55%	≤3	3300	30	50%~55%	≤3	3900	33	50%~55%	≤3
					30	2100	20	55%~58%	≤2	2700	26	50%~55%	≤2	—	—	—	—	—	—	—	—
			1	10	1	5400	48	40%~45%	≤10	—	—	—	—	—	—	—	—	—	—	—	—
					5	4200	36	50%~55%	≤5	4800	42	45%~50%	≤7	4800	42	45%~50%	≤7	5400	49	40%~45%	≤10
					10	3600	32	50%~55%	≤3	4200	36	50%~55%	≤5	4200	39	45%~50%	≤5	4800	46	40%~45%	≤10
					15	3000	28	50%~55%	≤3	3600	32	50%~55%	≤3	3900	36	45%~50%	≤4	4500	41	45%~50%	≤6
					20	2700	26	55%~58%	≤2	3300	30	55%~58%	≤3	3600	32	50%~55%	≤3	4200	40	45%~50%	≤6
					30	2400	22	55%~58%	≤2	3000	26	55%~58%	≤2	—	—	—	—	—	—	—	—
77	1050	121	1	20	1	5100	46	40%~45%	≤10	—	—	—	—	—	—	—	—	—	—	—	—
					5	3900	33	50%~55%	≤3	4500	42	45%~50%	≤6	4500	42	45%~50%	≤6	5100	47	40%~45%	≤10
					10	3300	30	50%~55%	≤3	3900	33	50%~55%	≤3	3900	36	45%~50%	≤4	4500	41	45%~50%	≤6
					15	2700	26	50%~55%	≤3	3300	30	50%~55%	≤3	3600	35	45%~50%	≤4	4200	41	45%~50%	≤6
					20	2400	24	55%~58%	≤2	3000	26	50%~55%	≤3	3300	30	50%~55%	≤3	3900	36	45%~50%	≤4
					30	2100	20	55%~58%	≤2	2700	24	55%~58%	≤2	—	—	—	—	—	—	—	—

噪声源:轴流风机

风量 (m³/s)	全压 (Pa)	声功率级 (dB(A))	弯头 (个)	风道长度 (m)	风亭口部平面到监测点距离 (m)	3类区/4a类区 55dB(A) 消声器长度 (mm)	消声量 (dB)	通流比	全压损失系数	2类区 50dB(A) 消声器长度 (mm)	消声量 (dB)	通流比	全压损失系数	1类区 45dB(A) 消声器长度 (mm)	消声量 (dB)	通流比	全压损失系数	0类区 40dB(A) 消声器长度 (mm)	消声量 (dB)	通流比	全压损失系数
77	1050	121	2	30	1	4800	43	45%~50%	≤7	—	—	—	—	—	—	—	—	—	—	—	—
					5	3600	33	50%~55%	≤3	4200	36	50%~55%	≤5	—	—	—	—	—	—	—	—
					10	3000	26	55%~58%	≤2	3600	32	50%~55%	≤3	4200	36	50%~55%	≤5	4800	43	45%~50%	≤7
					15	2400	22	55%~58%	≤2	3000	28	50%~55%	≤3	3600	32	50%~55%	≤3	4200	39	45%~50%	≤6
					20	2100	20	55%~58%	≤2	2700	24	55%~58%	≤2	3300	30	50%~55%	≤3	3900	37	45%~50%	≤4
					30	1800	16	58%~60%	≤2	2400	20	58%~60%	≤2	3000	26	55%~58%	≤2	3600	32	50%~55%	≤3
			2	40	1	4500	42	45%~50%	≤6	—	—	—	—	—	—	—	—	—	—	—	—
					5	3300	30	50%~55%	≤3	3900	33	50%~55%	≤3	—	—	—	—	—	—	—	—
					10	2700	24	55%~58%	≤2	3300	30	50%~55%	≤3	3900	33	50%~55%	≤3	4500	42	45%~50%	≤6
					15	2100	20	55%~58%	≤2	2700	26	55%~58%	≤2	3300	30	50%~55%	≤3	3900	36	45%~50%	≤4
					20	1800	18	55%~58%	≤2	2400	22	55%~58%	≤2	3000	28	50%~55%	≤3	3600	32	50%~55%	≤3
					30	1500	15	55%~58%	≤2	2100	20	55%~58%	≤2	2700	26	50%~55%	≤3	3300	30	50%~55%	≤3
70	1000	120	1	10	1	5400	48	40%~45%	≤10	—	—	—	—	—	—	—	—	—	—	—	—
					5	4200	36	50%~55%	≤5	4800	42	45%~50%	≤7	—	—	—	—	—	—	—	—
					10	3600	32	50%~55%	≤3	4200	36	50%~55%	≤5	4800	42	45%~50%	≤7	5400	48	40%~45%	≤10
					15	3000	28	50%~55%	≤3	3600	32	50%~55%	≤3	4200	39	45%~50%	≤6	4800	45	40%~45%	≤10
					20	2700	26	50%~55%	≤3	3300	30	50%~55%	≤3	3900	36	45%~50%	≤4	4500	41	45%~50%	≤6
					30	2400	22	55%~58%	≤2	3000	26	55%~58%	≤2	3600	32	50%~55%	≤3	4200	39	45%~50%	≤6

噪声源：轴流风机

风量 m³/s	全压 Pa	声功率级 dB(A)	弯头 个	风道长度 m	风声口部平面到监测点距离 m	3类区/4a类区 55dB(A) 消声器长度 mm	消声量 dB	通流比	全压损失系数	2类区 50dB(A) 消声器长度 mm	消声量 dB	通流比	全压损失系数	1类区 45dB(A) 消声器长度 mm	消声量 dB	通流比	全压损失系数	0类区 40dB(A) 消声器长度 mm	消声量 dB	通流比	全压损失系数
70	1000	120	1	20	1	5100	46	40%~45%	≤10	—	—	—	—	—	—	—	—	—	—	—	—
					5	3900	33	50%~55%	≤3	4500	41	45%~50%	≤6	—	—	—	—	—	—	—	—
					10	3300	30	50%~55%	≤3	3900	33	50%~55%	≤3	4500	41	45%~50%	≤6	5100	46	40%~45%	≤10
					15	2700	26	50%~55%	≤3	3300	30	50%~55%	≤3	3900	36	45%~50%	≤4	4500	41	45%~50%	≤6
					20	2400	24	50%~58%	≤3	3000	26	50%~55%	≤3	3600	35	45%~50%	≤4	4200	40	45%~50%	≤6
					30	2100	20	55%~58%	≤2	2700	24	55%~58%	≤2	3300	30	50%~55%	≤3	3900	36	45%~50%	≤4
			2	30	1	4800	42	45%~50%	≤7	—	—	—	—	—	—	—	—	—	—	—	—
					5	3600	32	50%~55%	≤3	4200	36	50%~55%	≤5	—	—	—	—	—	—	—	—
					10	3000	26	55%~58%	≤2	3600	32	50%~55%	≤3	4200	36	50%~55%	≤5	4800	42	45%~50%	≤7
					15	2400	22	55%~58%	≤2	3000	28	50%~55%	≤3	3600	32	50%~55%	≤3	4200	39	45%~50%	≤6
					20	2100	20	55%~58%	≤2	2700	24	55%~58%	≤2	3300	30	50%~55%	≤3	3900	36	45%~50%	≤4
					30	1800	16	58%~60%	≤2	2400	20	58%~60%	≤2	3000	26	55%~58%	≤2	3600	32	50%~55%	≤3
			2	40	1	4500	41	45%~50%	≤6	—	—	—	—	—	—	—	—	—	—	—	—
					5	3300	30	50%~55%	≤3	3900	33	50%~55%	≤3	—	—	—	—	—	—	—	—
					10	2700	24	55%~58%	≤2	3300	30	50%~55%	≤3	3900	33	50%~55%	≤3	4500	41	45%~50%	≤6
					15	2100	20	55%~58%	≤2	2700	26	50%~55%	≤2	3300	30	50%~55%	≤3	3900	36	45%~50%	≤4
					20	1800	18	55%~58%	≤2	2400	22	55%~58%	≤2	3000	28	50%~55%	≤3	3600	32	50%~55%	≤3
					30	1500	14	58%~60%	≤1	2100	18	58%~60%	≤1	2700	24	55%~58%	≤2	3300	30	50%~55%	≤3

续表 B-1

噪声源：轴流风机

风量 (m³/s)	全压 (Pa)	声功率级 dB(A)	弯头 (个)	风道长度 (m)	风亭口部平面到监测点距离 (m)	3类区/4a类区 55dB(A) 消声器长度 (mm)	消声量 (dB)	通流比	全压损失系数	2类区 50dB(A) 消声器长度 (mm)	消声量 (dB)	通流比	全压损失系数	1类区 45dB(A) 消声器长度 (mm)	消声量 (dB)	通流比	全压损失系数	0类区 40dB(A) 消声器长度 (mm)	消声量 (dB)	通流比	全压损失系数
60	1000	118	1	10	1	5400	45	45%~50%	≤7	—	—	—	—	—	—	—	—	—	—	—	—
					5	4200	36	50%~55%	≤5	4800	39	50%~55%	≤5	—	—	—	—	—	—	—	—
					10	3600	29	55%~58%	≤2	4200	36	50%~55%	≤5	4800	39	50%~55%	≤5	5400	45	45%~50%	≤7
					15	3000	26	55%~58%	≤2	3600	32	50%~55%	≤3	4200	36	50%~55%	≤5	4800	42	45%~50%	≤7
					20	2700	24	55%~58%	≤2	3300	30	50%~55%	≤3	3900	33	50%~55%	≤3	4500	38	50%~55%	≤5
					30	2400	20	58%~60%	≤2	3000	26	55%~58%	≤2	3600	32	50%~55%	≤3	4200	36	50%~55%	≤5
			1	20	1	5100	43	45%~50%	≤7	—	—	—	—	—	—	—	—	—	—	—	—
					5	3900	33	50%~55%	≤3	4500	38	50%~55%	≤5	—	—	—	—	—	—	—	—
					10	3300	27	55%~58%	≤2	3900	33	50%~55%	≤3	4500	38	50%~55%	≤5	5100	43	45%~50%	≤7
					15	2700	24	55%~58%	≤2	3300	30	50%~55%	≤3	3900	33	50%~55%	≤3	4500	41	45%~50%	≤6
					20	2400	22	55%~58%	≤2	3000	26	55%~58%	≤2	3600	32	50%~55%	≤3	4200	36	50%~55%	≤5
					30	2100	18	58%~60%	≤2	2700	24	55%~58%	≤2	3300	30	50%~55%	≤3	3900	33	50%~55%	≤3
			2	30	1	4800	39	50%~55%	≤5	—	—	—	—	—	—	—	—	—	—	—	—
					5	3600	29	55%~58%	≤2	4200	36	50%~55%	≤5	—	—	—	—	—	—	—	—
					10	3000	26	55%~58%	≤2	3600	29	55%~58%	≤2	4200	34	55%~58%	≤4	4800	42	45%~50%	≤6
					15	2400	20	58%~60%	≤2	3000	26	55%~58%	≤2	3600	29	55%~58%	≤2	4200	36	50%~55%	≤5
					20	2100	18	58%~60%	≤2	2700	24	55%~58%	≤2	3300	27	55%~58%	≤2	3900	31	55%~58%	≤2
					30	1800	16	58%~60%	≤1	2400	20	58%~60%	≤2	3000	26	55%~58%	≤2	3600	29	55%~58%	≤2

噪声源：轴流风机

风量 m³/s	全压 Pa	声功率级 dB(A)	传播路径 弯头 个	传播路径 风道长度 m	风亭口部平面到监测点距离 m	3类/4a类区 55dB(A) 消声器长度 mm	消声量 dB	通流比	全压损失系数	2类区 50dB(A) 消声器长度 mm	消声量 dB	通流比	全压损失系数	1类区 45dB(A) 消声器长度 mm	消声量 dB	通流比	全压损失系数	0类区 40dB(A) 消声器长度 mm	消声量 dB	通流比	全压损失系数
60	1000	118	2	40	1	4500	38	50%~55%	—	—	—	—	—	—	—	—	—	—	—	—	—
					5	3300	27	55%~58%	≤5	3900	33	50%~55%	≤3	—	—	—	—	—	—	—	—
					10	2700	24	55%~58%	≤2	3300	27	55%~58%	≤2	3900	31	55%~58%	≤2	4500	38	50%~55%	≤5
					15	2100	18	58%~60%	≤2	2700	24	55%~58%	≤2	3300	27	55%~58%	≤2	3900	33	50%~55%	≤3
					20	1800	16	58%~60%	≤1	2400	22	55%~58%	≤2	3000	26	55%~58%	≤2	3600	29	55%~58%	≤2
					30	1500	14	58%~60%	≤1	2100	18	58%~60%	≤2	2700	24	55%~58%	≤2	3300	27	55%~58%	≤2
			1	10	1	4500	38	50%~55%	≤5	—	—	—	—	—	—	—	—	—	—	—	—
					5	3300	30	50%~55%	≤3	3900	33	50%~55%	≤3	—	—	—	—	—	—	—	—
					10	2700	24	55%~58%	≤2	3300	30	50%~55%	≤3	3900	33	50%~55%	≤3	4500	41	45%~50%	≤6
					15	2100	20	55%~58%	≤2	2700	26	55%~58%	≤2	3300	30	50%~55%	≤3	3900	36	45%~50%	≤4
					20	1800	18	55%~58%	≤2	2400	22	55%~58%	≤2	3000	28	50%~55%	≤3	3600	32	50%~55%	≤3
					30	1500	15	55%~58%	≤2	2100	20	55%~58%	≤2	2700	24	55%~58%	≤2	3300	30	50%~55%	≤3
55	1000	113	1	20	1	4200	36	50%~55%	≤5	—	—	—	—	—	—	—	—	—	—	—	—
					5	3000	26	55%~58%	≤3	3600	32	50%~55%	≤3	—	—	—	—	—	—	—	—
					10	2400	22	55%~58%	≤2	3000	28	50%~55%	≤3	3600	32	50%~55%	≤3	4200	36	50%~55%	≤5
					15	1800	18	55%~58%	≤2	2400	24	55%~58%	≤2	3000	28	50%~55%	≤3	3600	32	50%~55%	≤3
					20	1500	15	55%~58%	≤2	2100	20	55%~58%	≤2	2700	26	50%~55%	≤3	3300	30	50%~55%	≤3
					30	1200	13	55%~58%	≤2	1800	18	55%~58%	≤2	2400	22	55%~58%	≤2	3000	28	50%~55%	≤3

噪声源：轴流风机

风量 m³/s	全压 Pa	声功率等级 dB(A)	弯头 个	风道长度 m	风亭口部平面到固定监测点距离 m	3类区/4a类区 55dB(A) 消声器长度 mm	消声量 dB	通流比	全压损失系数	2类区 50dB(A) 消声器长度 mm	消声量 dB	通流比	全压损失系数	1类区 45dB(A) 消声器长度 mm	消声量 dB	通流比	全压损失系数	0类区 40dB(A) 消声器长度 mm	消声量 dB	通流比	全压损失系数
55	1000	113	2	30	1	3900	33	50%~55%	≤3	—	—	—	—	—	—	—	—	—	—	—	—
					5	2700	24	55%~58%	≤2	3300	27	55%~58%	≤2	—	—	—	—	—	—	—	—
					10	2100	20	55%~58%	≤2	2700	24	55%~58%	≤2	3300	27	55%~58%	≤2	3900	33	50%~55%	≤3
					15	1500	15	55%~58%	≤2	2100	20	55%~58%	≤2	2700	24	55%~58%	≤2	3300	30	50%~55%	≤3
					20	1200	11	58%~60%	≤1	1800	16	58%~60%	≤1	2400	22	55%~58%	≤2	3000	26	55%~58%	≤2
					30	900	9	58%~60%	≤1	1500	13	58%~60%	≤1	2100	20	55%~58%	≤2	2700	24	55%~58%	≤2
			2	40	1	3600	32	50%~55%	≤3	—	—	—	—	—	—	—	—	—	—	—	—
					5	2700	24	55%~58%	≤2	3300	27	55%~58%	≤2	—	—	—	—	—	—	—	—
					10	2100	18	58%~60%	≤2	2700	22	58%~60%	≤2	3000	26	55%~58%	≤2	3600	32	50%~55%	≤3
					15	1500	13	58%~60%	≤1	2100	18	58%~60%	≤1	2400	22	55%~58%	≤2	3000	28	50%~55%	≤2
					20	1200	11	58%~60%	≤1	1800	16	58%~60%	≤1	2100	20	55%~58%	≤2	2700	26	50%~55%	≤2
					30	900	9	58%~60%	≤1	1500	13	58%~60%	≤1	1800	18	55%~58%	≤2	2400	22	55%~58%	≤2

注：1 本表列举的典型轴流风机在早晚通风工况（不考虑排烟和事故通风工况）的整个运行时段，对固定监测点而言音视为连续噪声。其传至风亭外的等效连续声级 $L_{Aeq,T}$（T：早晚通风运行时段）满足各类声功能区声环境质量标准夜间标准的噪声控制方案制定的主要技术参数；

2 对于0类区、1类区的风亭与敏感点或控制点的距离均在厂界红线（5m）外，故表中没有数据。

表 B-2 大型轴流风机对站外噪声控制方案技术参数（对固定监测点而言视为频发噪声）

噪声源：轴流风机　风量 100 m³/s　全压 1100 Pa　声功率级 125 dB(A)

弯头(个)	风道长度(m)	风亭口部平面到临近监测点距离(m)	3类区/4a类区 65dB(A) 消声器长度(mm)	消声量(dB)	通流比	全压损失系数	2类区 60dB(A) 消声器长度(mm)	消声量(dB)	通流比	全压损失系数	1类区 55dB(A) 消声器长度(mm)	消声量(dB)	通流比	全压损失系数	0类区 50dB(A) 消声器长度(mm)	消声量(dB)	通流比	全压损失系数
1	10	1	5100	40	50%~55%	≤5	—	—	—	—	—	—	—	—	—	—	—	—
1	10	5	3900	31	55%~58%	≤2	4500	38	50%~55%	≤5	—	—	—	—	—	—	—	—
1	10	10	3300	27	55%~58%	≤2	3900	31	55%~58%	≤2	4500	38	50%~55%	≤5	5100	43	45%~50%	≤7
1	10	15	2700	24	55%~58%	≤2	3300	27	55%~58%	≤2	3900	33	50%~55%	≤3	4500	38	50%~55%	≤5
1	10	20	2400	20	58%~60%	≤2	3000	26	55%~58%	≤2	3600	32	50%~55%	≤3	4200	36	50%~55%	≤5
1	10	30	2100	18	58%~60%	≤2	2700	24	55%~58%	≤2	3300	27	55%~58%	≤2	3900	33	50%~55%	≤3
1	20	1	4800	39	50%~55%	≤5	—	—	—	—	—	—	—	—	—	—	—	—
1	20	5	3600	29	55%~58%	≤2	4200	36	50%~55%	≤5	—	—	—	—	—	—	—	—
1	20	10	3000	26	55%~58%	≤2	3600	29	55%~58%	≤2	4200	36	50%~55%	≤5	4800	42	45%~50%	≤7
1	20	15	2400	22	55%~58%	≤2	3000	26	55%~58%	≤2	3600	32	50%~55%	≤3	4200	36	50%~55%	≤5
1	20	20	2100	18	58%~60%	≤1	2700	24	55%~58%	≤2	3300	30	50%~55%	≤3	3900	33	50%~55%	≤3
1	20	30	1800	16	58%~60%	≤1	2400	22	55%~58%	≤2	3000	26	55%~58%	≤2	3600	32	50%~55%	≤3
2	30	1	4500	38	50%~55%	≤5	—	—	—	—	—	—	—	—	—	—	—	—
2	30	5	3300	27	55%~58%	≤2	3900	31	55%~58%	≤2	—	—	—	—	—	—	—	—
2	30	10	2700	22	58%~60%	≤2	3300	25	58%~60%	≤2	3900	31	55%~58%	≤2	4500	38	50%~55%	≤5
2	30	15	2100	18	58%~60%	≤2	2700	22	58%~60%	≤2	3300	27	55%~58%	≤2	3900	33	50%~55%	≤3
2	30	20	1800	16	58%~60%	≤1	2400	20	58%~60%	≤1	3000	26	55%~58%	≤2	3600	32	50%~55%	≤3
2	30	30	1500	13	58%~60%	≤1	2100	18	58%~60%	≤1	2700	24	55%~58%	≤2	3300	27	55%~58%	≤2

噪声源：轴流风机			传播路径		风亭口部平面到监测点距离	3类区/4a类区 65dB(A)				2类区 60dB(A)				1类区 55dB(A)				0类区 50dB(A)			
风量	全压	声功率级	弯头	风道长度		消声器长度	消声量	通流比	全压损失系数	消声器长度	消声量	通流比	全压损失系数	消声器长度	消声量	通流比	全压损失系数	消声器长度	消声量	通流比	全压损失系数
m³/s	Pa	dB(A)	个	m	m	mm	dB	—	—	mm	dB	—	—	mm	dB	—	—	mm	dB	—	—
100	1100	125	2	40	1	4200	34	55%~58%	≤4	—	—	—	—	—	—	—	—	—	—	—	—
					5	3000	26	55%~58%	≤2	3600	29	55%~58%	≤2	—	—	—	—	—	—	—	—
					10	2400	20	58%~60%	≤2	3000	23	58%~60%	≤2	3600	29	55%~58%	≤2	4200	36	50%~55%	≤5
					15	1800	16	58%~60%	≤1	2400	20	58%~60%	≤2	3000	26	55%~58%	≤2	3600	32	50%~55%	≤3
					20	1500	13	58%~60%	≤1	2100	18	58%~60%	≤2	2700	24	55%~58%	≤2	3300	30	50%~55%	≤3
					30	1200	11	58%~60%	≤1	1800	16	58%~60%	≤1	2400	20	58%~60%	≤1	3000	26	55%~58%	≤2
			1	10	1	4500	38	50%~55%	≤5	—	—	—	—	—	—	—	—	—	—	—	—
					5	3300	27	55%~58%	≤2	3900	31	55%~58%	≤2	—	—	—	—	—	—	—	—
					10	2700	22	58%~60%	≤2	3300	27	55%~58%	≤2	3900	33	50%~55%	≤3	4500	38	50%~55%	≤5
					15	2100	18	58%~60%	≤2	2700	24	55%~58%	≤2	3300	30	50%~55%	≤3	3900	33	50%~55%	≤3
					20	1800	16	58%~60%	≤1	2400	20	58%~60%	≤2	3000	26	55%~58%	≤2	3600	32	50%~55%	≤3
					30	1500	13	58%~60%	≤1	2100	18	58%~60%	≤2	2700	24	55%~58%	≤2	3300	27	55%~58%	≤2
77	1050	121	1	20	1	4200	36	50%~55%	≤5	—	—	—	—	—	—	—	—	—	—	—	—
					5	3000	26	55%~58%	≤2	3600	29	55%~58%	≤2	—	—	—	—	—	—	—	—
					10	2400	20	58%~60%	≤2	3000	26	55%~58%	≤2	3600	32	50%~55%	≤3	4200	36	50%~55%	≤5
					15	1800	16	58%~60%	≤1	2400	22	55%~58%	≤1	3000	28	50%~55%	≤3	3600	32	50%~55%	≤3
					20	1500	13	58%~60%	≤1	2100	18	58%~60%	≤1	2700	24	55%~58%	≤2	3300	30	50%~55%	≤3
					30	1200	11	58%~60%	≤1	1800	16	58%~60%	≤1	2400	22	55%~58%	≤1	3000	26	55%~58%	≤2

噪声源：轴流风机

风量 m³/s	全压 Pa	声功率级 dB(A)	弯头 个	风道长度 m	风亭口部平面到平测点距离 m	3类区/4a类区 65dB(A)				2类区 60dB(A)				1类区 55dB(A)				0类区 50dB(A)			
						消声器长度 mm	消声量 dB	通流比	全压损失系数	消声器长度 mm	消声量 dB	通流比	全压损失系数	消声器长度 mm	消声量 dB	通流比	全压损失系数	消声器长度 mm	消声量 dB	通流比	全压损失系数
77	1050	121	2	30	1	3900	31	55%~58%	≤2	—	—	—	—	—	—	—	—	—	—	—	—
					5	2700	22	58%~60%	≤2	3300	27	55%~58%	≤2	—	—	—	—	—	—	—	—
					10	2100	18	58%~60%	≤2	2700	22	58%~60%	≤2	3300	27	55%~58%	≤2	3900	33	50%~55%	≤3
					15	1500	13	58%~60%	≤1	2100	18	58%~60%	≤2	2700	24	55%~58%	≤2	3300	27	55%~58%	≤2
					20	1200	11	58%~60%	≤1	1800	16	58%~60%	≤1	2400	20	58%~60%	≤2	3000	26	55%~58%	≤2
					30	900	9	58%~60%	≤1	1500	13	58%~60%	≤1	2100	18	58%~60%	≤2	2700	22	58%~60%	≤2
			2	40	1	3600	29	55%~58%	≤2	—	—	—	—	—	—	—	—	—	—	—	—
					5	2400	20	58%~60%	≤2	3000	26	55%~58%	≤2	—	—	—	—	—	—	—	—
					10	1800	16	58%~60%	≤1	2400	20	58%~60%	≤2	3000	26	55%~58%	≤2	3600	32	50%~55%	≤3
					15	1200	11	58%~60%	≤1	1800	16	58%~60%	≤1	2400	22	55%~58%	≤2	3000	26	55%~58%	≤2
					20	900	9	58%~60%	≤1	1500	13	58%~60%	≤1	2100	18	58%~60%	≤2	2700	24	55%~58%	≤2
					30	600	6	58%~60%	≤1	1200	11	58%~60%	≤1	1800	16	58%~60%	≤1	2400	20	58%~60%	≤2
70	1000	120	1	10	1	4500	38	50%~55%	≤5	—	—	—	—	—	—	—	—	—	—	—	—
					5	3300	27	55%~58%	≤2	3900	31	55%~58%	≤2	—	—	—	—	—	—	—	—
					10	2700	22	58%~60%	≤2	3300	27	55%~58%	≤2	3900	33	50%~55%	≤3	4500	38	50%~55%	≤5
					15	2100	18	58%~60%	≤2	2700	24	55%~58%	≤2	3300	30	50%~55%	≤3	3900	33	50%~55%	≤3
					20	1800	16	58%~60%	≤2	2400	20	58%~60%	≤2	3000	26	55%~58%	≤2	3600	32	50%~55%	≤3
					30	1500	13	58%~60%	≤2	2100	18	58%~60%	≤2	2700	24	55%~58%	≤2	3300	27	55%~58%	≤2

噪声源：轴流风机

风量 m³/s	全压 Pa	声功率级 dB(A)	弯头 个	风道长度 m	风亭口部平面到监测点距离 m	3类区/4a类区 65dB(A) 消声器长度 mm	消声量 dB	通流比	全压损失系数	2类区 60dB(A) 消声器长度 mm	消声量 dB	通流比	全压损失系数	1类区 55dB(A) 消声器长度 mm	消声量 dB	通流比	全压损失系数	0类区 50dB(A) 消声器长度 mm	消声量 dB	通流比	全压损失系数
70	1000	120	1	20	1	4200	36	50%~55%	≤5	—	—	—		—	—	—		—	—	—	
					5	3000	26	55%~58%	≤2	3600	29	55%~58%	≤2	—	—	—		—	—	—	
					10	2400	20	58%~60%	≤2	3000	26	55%~58%	≤2	3600	32	50%~55%	≤3	4200	36	50%~55%	≤5
					15	1800	16	58%~60%	≤1	2400	22	55%~58%	≤2	3000	28	50%~55%	≤3	3600	32	50%~55%	≤3
					20	1500	13	58%~60%	≤1	2100	18	58%~60%	≤2	2700	24	55%~58%	≤2	3300	30	50%~55%	≤3
					30	1200	11	58%~60%	≤1	1800	16	58%~60%	≤1	2400	22	55%~58%	≤2	3000	26	55%~58%	≤2
			2	30	1	3900	31	55%~58%	≤2	—	—	—		—	—	—		—	—	—	
					5	2700	22	58%~60%	≤2	3300	27	55%~58%	≤2	—	—	—		—	—	—	
					10	2100	18	58%~60%	≤1	2700	22	58%~60%	≤2	3300	27	55%~58%	≤2	3900	33	50%~55%	≤3
					15	1500	13	58%~60%	≤1	2100	18	58%~60%	≤1	2700	24	55%~58%	≤2	3300	27	55%~58%	≤2
					20	1200	11	58%~60%	≤1	1800	16	58%~60%	≤1	2400	20	58%~60%	≤2	3000	26	55%~58%	≤2
					30	900	9	58%~60%	≤1	1500	13	58%~60%	≤1	2100	18	58%~60%	≤2	2700	22	58%~60%	≤2
			2	40	1	3600	29	55%~58%	≤2	—	—	—		—	—	—		—	—	—	
					5	2400	20	58%~60%	≤2	3000	26	55%~58%	≤2	—	—	—		—	—	—	
					10	1800	16	58%~60%	≤1	2400	20	58%~60%	≤2	3000	26	55%~58%	≤2	3600	32	50%~55%	≤3
					15	1200	11	58%~60%	≤1	1800	16	58%~60%	≤1	2400	22	55%~58%	≤2	3000	26	55%~58%	≤2
					20	900	9	58%~60%	≤1	1500	13	58%~60%	≤1	2100	18	58%~60%	≤2	2700	24	55%~58%	≤2
					30	600	6	58%~60%	≤1	1200	11	58%~60%	≤1	1800	16	58%~60%	≤1	2400	20	58%~60%	≤2

噪声源：轴流风机

风量 m³/s	全压 Pa	声功率级 dB(A)	弯头 个	风道长度 m	风亭口部平面到监测点距离 m	3类区/4a类区 65dB(A) 消声器长度 mm	消声量 dB	通流比	全压损失系数	2类区 60dB(A) 消声器长度 mm	消声量 dB	通流比	全压损失系数	1类区 55dB(A) 消声器长度 mm	消声量 dB	通流比	全压损失系数	0类区 50dB(A) 消声器长度 mm	消声量 dB	通流比	全压损失系数
60	1000	118	1	10	1	4500	38	50%~55%	≤5	—	—	—	—	—	—	—	—	—	—	—	—
					5	3300	27	55%~58%	≤2	3900	31	55%~58%	≤2	—	—	—	—	—	—	—	—
					10	2700	22	58%~60%	≤2	3300	27	55%~58%	≤2	3900	31	55%~58%	≤2	4500	38	50%~55%	≤5
					15	2100	18	58%~60%	≤2	2700	22	58%~60%	≤2	3300	27	55%~58%	≤2	3900	33	50%~55%	≤3
					20	1800	16	58%~60%	≤1	2400	20	58%~60%	≤1	3000	26	55%~58%	≤2	3600	29	55%~58%	≤2
					30	1500	13	58%~60%	≤1	2100	18	58%~60%	≤1	2700	22	58%~60%	≤2	3300	27	55%~58%	≤2
			1	20	1	4200	36	50%~55%	≤5	—	—	—	—	—	—	—	—	—	—	—	—
					5	3000	26	55%~58%	≤2	3600	29	55%~58%	≤2	—	—	—	—	—	—	—	—
					10	2400	20	58%~60%	≤2	3000	26	58%~60%	≤2	3600	29	55%~58%	≤2	4200	36	50%~55%	≤5
					15	1800	16	58%~60%	≤1	2400	20	58%~60%	≤1	3000	26	55%~58%	≤2	3600	29	55%~58%	≤2
					20	1500	13	58%~60%	≤1	2100	18	58%~60%	≤1	2700	22	55%~58%	≤2	3300	27	55%~58%	≤2
					30	1200	11	58%~60%	≤1	1800	16	58%~60%	≤1	2400	20	58%~60%	≤2	3000	23	58%~58%	≤2
			2	30	1	3900	31	55%~58%	≤2	—	—	—	—	—	—	—	—	—	—	—	—
					5	2700	22	58%~60%	≤2	3300	27	55%~58%	≤2	—	—	—	—	—	—	—	—
					10	2100	18	58%~60%	≤2	2700	22	58%~60%	≤2	3300	25	58%~60%	≤2	3900	31	55%~58%	≤2
					15	1500	13	58%~60%	≤1	2100	18	58%~60%	≤2	2700	22	58%~60%	≤2	3300	27	55%~58%	≤2
					20	1200	11	58%~60%	≤1	1800	16	58%~60%	≤1	2400	20	58%~60%	≤2	3000	23	58%~60%	≤2
					30	900	9	58%~60%	≤1	1500	13	58%~60%	≤1	2100	18	58%~60%	≤2	2700	22	58%~60%	≤2

噪声源：轴流风机

风量 (m³/s)	全压 (Pa)	声功率级 dB(A)	传播路径 弯头 (个)	传播路径 风道长度 (m)	风亭口部平面到监测点距离 (m)	3类区/4a类区 65dB(A) 消声器长度 mm	消声量 dB	通流比	全压损失系数	2类区 60dB(A) 消声器长度 mm	消声量 dB	通流比	全压损失系数	1类区 55dB(A) 消声器长度 mm	消声量 dB	通流比	全压损失系数	0类区 50dB(A) 消声器长度 mm	消声量 dB	通流比	全压损失系数
60	1000	118	2	40	1	3600	29	55%~58%	≤2	—	—	—	—	—	—	—	—	—	—	—	—
					5	2400	20	58%~60%	≤2	3000	26	55%~58%	≤2	—	—	—	—	—	—	—	—
					10	1800	16	58%~60%	≤1	2400	20	58%~60%	≤1	3000	23	58%~60%	≤2	3600	29	55%~58%	≤2
					15	1200	11	58%~60%	≤1	1800	16	58%~60%	≤1	2400	20	58%~60%	≤1	3000	26	55%~58%	≤2
					20	900	9	58%~60%	≤1	1500	13	58%~60%	≤1	2100	18	58%~60%	≤1	2700	22	58%~60%	≤2
					30	600	6	58%~60%	≤1	1200	11	58%~60%	≤1	1800	16	58%~60%	≤1	2400	20	58%~60%	≤2
			1	10	1	4200	36	50%~55%	≤5	—	—	—	—	—	—	—	—	—	—	—	—
					5	3000	26	55%~58%	≤2	3600	29	55%~58%	≤2	—	—	—	—	—	—	—	—
					10	2400	20	58%~60%	≤2	3000	23	58%~60%	≤2	3600	29	55%~58%	≤2	4200	36	50%~55%	≤5
					15	1800	16	58%~60%	≤1	2400	20	58%~60%	≤2	3000	26	58%~60%	≤2	3600	32	50%~55%	≤3
					20	1500	13	58%~60%	≤1	2100	18	58%~60%	≤1	2700	22	58%~60%	≤2	3300	27	55%~58%	≤2
					30	1200	11	58%~60%	≤1	1800	16	58%~60%	≤1	2400	20	58%~60%	≤1	3000	26	55%~58%	≤2
55	1000	113	1	20	1	3900	33	50%~55%	≤3	—	—	—	—	—	—	—	—	—	—	—	—
					5	2700	24	55%~58%	≤2	3300	27	55%~58%	≤2	—	—	—	—	—	—	—	—
					10	2100	18	58%~60%	≤2	2700	22	58%~60%	≤2	3300	27	55%~58%	≤2	3900	33	50%~55%	≤3
					15	1500	13	58%~60%	≤1	2100	18	58%~60%	≤1	2700	24	58%~60%	≤2	3300	30	50%~55%	≤3
					20	1200	11	58%~60%	≤1	1800	16	58%~60%	≤1	2400	22	58%~60%	≤1	3000	26	55%~58%	≤2
					30	900	9	58%~60%	≤1	1500	13	58%~60%	≤1	2100	18	58%~60%	≤1	2700	24	55%~58%	≤2

噪声源：轴流风机			传播路径		风亭口部平面到监测点距离	3类区/4a类区 65dB(A)				2类区 60dB(A)				1类区 55dB(A)				0类区 50dB(A)			
风量	全压	声功率级	弯头	风道长度		消声器长度	消声量	通流比	全压损失系数	消声器长度	消声量	通流比	全压损失系数	消声器长度	消声量	通流比	全压损失系数	消声器长度	消声量	通流比	全压损失系数
m³/s	Pa	dB(A)	个	m	m	mm	dB			mm	dB			mm	dB			mm	dB		
55	1000	113	2	30	1	3600	29	55%~58%	≤2	—	—	—	—	—	—	—	—	—	—	—	—
					5	2400	20	58%~60%	≤2	3000	23	58%~60%	≤2	—	—	—	—	—	—	—	—
					10	1800	16	58%~60%	≤1	2400	20	58%~60%	≤1	3000	23	58%~60%	≤2	3600	29	55%~58%	≤2
					15	1200	11	58%~60%	≤1	1800	16	58%~60%	≤1	2400	20	58%~60%	≤2	3000	26	55%~58%	≤2
					20	900	9	58%~60%	≤1	1500	13	58%~60%	≤1	2100	18	58%~60%	≤2	2700	22	58%~60%	≤2
					30	600	6	58%~60%	≤1	1200	11	58%~60%	≤1	1800	16	58%~60%	≤1	2400	20	58%~60%	≤2
			2	40	1	3300	27	55%~58%	≤2	—	—	—	—	—	—	—	—	—	—	—	—
					5	2100	18	58%~60%	≤2	2700	22	58%~60%	≤2	—	—	—	—	—	—	—	—
					10	1500	13	58%~60%	≤1	2100	18	58%~60%	≤1	2700	22	58%~60%	≤2	3300	27	55%~58%	≤2
					15	900	9	58%~60%	≤1	1500	13	58%~60%	≤1	2100	18	58%~60%	≤2	2700	24	55%~58%	≤2
					20	600	6	58%~60%	≤1	1200	11	58%~60%	≤1	1800	16	58%~60%	≤1	2400	20	58%~60%	≤2
					30	600	6	58%~60%	≤1	900	9	58%~60%	≤1	1500	13	58%~60%	≤1	2100	18	58%~60%	≤2

注：1 对固定监测点而言，地铁运营模式中早晚通风（持续时间 0.5h 或 1h）的轴流风机在整个房间（或夜间）时段内可视为频发噪声，其在运行时间段（或夜间）时段内的运行通风机在早晚通风的运行时段内最大声级 $L_{F,max}$ 满足各类声功能区级 $L_{F,max}$ 可以比 GB 12348—2008 规定的环境噪声级夜间限值 L_{Aeq} 大 10dB(A)；本表列举典型通风型风机的运行时段内最大声功率级 $L_{F,max}$ 的主要技术参数；夜间标准限值＋10dB(A) 的噪声控制方案或控制点的距离均在厂界红线（5m）外，故表中没有数据。

2 对于 0 类区、1 类区的风亭与敏感点的主要技术参数；

B.2 空调机组（器）对站台影响的噪声控制方案技术参数

如表 B-3 所示。

表 B-3 典型空调机组对站台公共区域噪声控制方案技术参数

噪声源：空调机组			传播路径		站台公共区 70dB(A)				站台公共区 60dB(A)			
风量	全压	声功率级	弯头	风管长度	消声器长度	消声量	通流比	全压损失系数	消声器长度	消声量	通流比	全压损失系数
m³/s	Pa	dB(A)	个	m	mm	dB	—	—	mm	dB	—	—
33.3	1200	96	0	5	1800	18	55%~58%	≤2	3300	27	55%~58%	≤2
			0	10	1800	18	55%~58%	≤2	3300	27	55%~58%	≤2
			0	20	1800	18	55%~58%	≤2	3300	27	55%~58%	≤2
			1	5	1500	15	55%~58%	≤2	3000	26	55%~58%	≤2
			1	10	1500	15	55%~58%	≤2	3000	26	55%~58%	≤2
			1	20	1500	15	55%~58%	≤2	3000	26	55%~58%	≤2
			2	5	1200	13	55%~58%	≤2	2700	24	55%~58%	≤2
			2	10	1200	13	55%~58%	≤2	2700	24	55%~58%	≤2
			2	20	1200	13	55%~58%	≤2	2700	24	55%~58%	≤2
27.8	1100	97	0	5	1800	20	50%~55%	≤2	3300	30	50%~55%	≤3
			0	10	1800	20	50%~55%	≤2	3300	30	50%~55%	≤3
			0	20	1800	20	50%~55%	≤2	3300	30	50%~55%	≤3
			1	5	1500	15	55%~58%	≤2	3000	26	55%~58%	≤2
			1	10	1500	15	55%~58%	≤2	3000	26	55%~58%	≤2
			1	20	1500	15	55%~58%	≤2	3000	26	55%~58%	≤2
			2	5	1200	13	55%~58%	≤2	2700	24	55%~58%	≤2
			2	10	1200	13	55%~58%	≤2	2700	24	55%~58%	≤2
			2	20	1200	13	55%~58%	≤2	2700	24	55%~58%	≤2
22.2	1000	97	0	5	1800	20	50%~55%	≤2	3300	30	50%~55%	≤2
			0	10	1800	20	50%~55%	≤2	3300	30	50%~55%	≤2
			0	20	1800	20	50%~55%	≤2	3300	30	50%~55%	≤2
			1	5	1500	15	55%~58%	≤2	3000	26	55%~58%	≤2
			1	10	1500	15	55%~58%	≤2	3000	26	55%~58%	≤2
			1	20	1500	15	55%~58%	≤2	3000	26	55%~58%	≤2
			2	5	1200	13	55%~58%	≤2	2700	24	55%~58%	≤2
			2	10	1200	13	55%~58%	≤2	2700	24	55%~58%	≤2
			2	20	1200	13	55%~58%	≤2	2700	24	55%~58%	≤2

噪声源：空调机组			传播路径		站台公共区 70dB(A)				站台公共区 60dB(A)			
风量	全压	声功率级	弯头	风管长度	消声器长度	消声量	通流比	全压损失系数	消声器长度	消声量	通流比	全压损失系数
m³/s	Pa	dB(A)	个	m	mm	dB	—	—	mm	dB	—	—
16.7	900	94	0	5	1500	15	55%～58%	≤2	3000	26	55%～58%	≤2
			0	10	1500	15	55%～58%	≤2	3000	26	55%～58%	≤2
			0	20	1500	15	55%～58%	≤2	3000	26	55%～58%	≤2
			1	5	1200	13	55%～58%	≤2	2700	24	55%～58%	≤2
			1	10	1200	13	55%～58%	≤2	2700	24	55%～58%	≤2
			1	20	1200	13	55%～58%	≤2	2700	24	55%～58%	≤2
			2	5	900	11	55%～58%	≤2	2400	22	55%～58%	≤2
			2	10	900	11	55%～58%	≤2	2400	22	55%～58%	≤2
			2	20	900	11	55%～58%	≤2	2400	22	55%～58%	≤2
13.9	800	93	0	5	1500	15	55%～58%	≤2	3000	26	55%～58%	≤2
			0	10	1500	15	55%～58%	≤2	3000	26	55%～58%	≤2
			0	20	1500	15	55%～58%	≤2	3000	26	55%～58%	≤2
			1	5	1200	13	55%～58%	≤2	2700	24	55%～58%	≤2
			1	10	1200	13	55%～58%	≤2	2700	24	55%～58%	≤2
			1	20	1200	13	55%～58%	≤2	2700	24	55%～58%	≤2
			2	5	900	11	55%～58%	≤2	2400	22	55%～58%	≤2
			2	10	900	11	55%～58%	≤2	2400	22	55%～58%	≤2
			2	20	900	11	55%～58%	≤2	2400	22	55%～58%	≤2
11.1	700	91	0	5	1200	13	55%～58%	≤2	2700	24	55%～58%	≤2
			0	10	1200	13	55%～58%	≤2	2700	24	55%～58%	≤2
			0	20	1200	13	55%～58%	≤2	2700	24	55%～58%	≤2
			1	5	900	11	55%～58%	≤2	2400	22	55%～58%	≤2
			1	10	900	11	55%～58%	≤2	2400	22	55%～58%	≤2
			1	20	900	11	55%～58%	≤2	2400	22	55%～58%	≤2
			2	5	600	9	55%～58%	≤2	2100	20	55%～58%	≤2
			2	10	600	9	55%～58%	≤2	2100	20	55%～58%	≤2
			2	20	600	9	55%～58%	≤2	2100	20	55%～58%	≤2

噪声源：空调机组			传播路径		站台公共区 70dB(A)				站台公共区 60dB(A)			
风量	全压	声功率级	弯头	风管长度	消声器长度	消声量	通流比	全压损失系数	消声器长度	消声量	通流比	全压损失系数
m³/s	Pa	dB(A)	个	m	mm	dB	—	—	mm	dB	—	—
8.33	600	88	0	5	900	11	55%~58%	≤2	1800	18	55%~58%	≤2
			0	10	900	11	55%~58%	≤2	1800	18	55%~58%	≤2
			0	20	900	11	55%~58%	≤2	1800	18	55%~58%	≤2
			1	5	600	9	55%~58%	≤2	1500	15	55%~58%	≤2
			1	10	600	9	55%~58%	≤2	1500	15	55%~58%	≤2
			1	20	600	9	55%~58%	≤2	1500	15	55%~58%	≤2
			2	5	风机噪声经过多个传播环节衰减后，传至站台公共区≤70dBA，不需要采取降噪措施				1200	13	55%~58%	≤2
			2	10					1200	13	55%~58%	≤2
			2	20					1200	13	55%~58%	≤2
5.56	500	86	0	5	600	9	55%~58%	≤2	1500	15	55%~58%	≤2
			0	10	600	9	55%~58%	≤2	1500	15	55%~58%	≤2
			0	20	600	9	55%~58%	≤2	1500	15	55%~58%	≤2
			1	5	风机噪声经过多个传播环节衰减后，传至站台公共区≤70dBA，不需要采取降噪措施				1200	13	55%~58%	≤2
			1	10					1200	13	55%~58%	≤2
			1	20					1200	13	55%~58%	≤2
			2	5					900	11	55%~58%	≤2
			2	10					900	11	55%~58%	≤2
			2	20					900	11	55%~58%	≤2
2.78	450	84	0	5	600	9	55%~58%	≤2	1200	13	55%~58%	≤2
			0	10	600	9	55%~58%	≤2	1200	13	55%~58%	≤2
			0	20	600	9	55%~58%	≤2	1200	13	55%~58%	≤2
			1	5	风机噪声经过多个传播环节衰减后，传至站台公共区≤70dBA，不需要采取降噪措施				900	11	55%~58%	≤2
			1	10					900	11	55%~58%	≤2
			1	20					900	11	55%~58%	≤2
			2	5					600	9	55%~58%	≤2
			2	10					600	9	55%~58%	≤2
			2	20					600	9	55%~58%	≤2

噪声源：空调机组			传播路径		站台公共区 70dB(A)				站台公共区 60dB(A)			
风量	全压	声功率级	弯头	风管长度	消声器长度	消声量	通流比	全压损失系数	消声器长度	消声量	通流比	全压损失系数
m³/s	Pa	dB(A)	个	m	mm	dB	—	—	mm	dB	—	—
1.39	400	82	0	5	风机噪声经过多个传播环节衰减后，传至站台公共区≤70dBA，不需要采取降噪措施				900	11	55%～58%	≤2
			0	10					900	11	55%～58%	≤2
			0	20					900	11	55%～58%	≤2
			1	5					600	9	55%～58%	≤2
			1	10					600	9	55%～58%	≤2
			1	20					600	9	55%～58%	≤2
			2	5					600	9	55%～58%	≤2
			2	10					600	9	55%～58%	≤2
			2	20					600	9	55%～58%	≤2
0.56	350	76	风机噪声经过多个传播环节衰减后，传至站台公共区≤60dBA，不需要采取降噪措施									

注：1 本表中噪声源声功率级指的是风机出口声功率级；

2 本表列举的空调机组（器）在正常运营时段（不考虑排烟和补风工况）传至站台公共区域的等效连续声压级 L_{Aeq} 满足站台噪声标准的噪声控制方案的主要技术参数。

B.3 车站通风轴流风机对站台影响的噪声控制方案技术参数

如表 B-4、表 B-5 所示。

表 B-4 车站隧道排热风机对站台公共区域的噪声控制方案技术参数

噪声源：轴流风机			传播路径		站台公共区 70dB(A)				站台公共区 60dB(A)			
风量	全压	声功率级	弯头	有无屏蔽门	消声器长度	消声量	通流比	全压损失系数	消声器长度	消声量	通流比	全压损失系数
m³/s	Pa	dB(A)	个	—	mm	dB	—	—	mm	dB	—	—
50	800	112	0	无	3600	32	50%～55%	≤3	4800	40	50%～55%	≤5
			0	有	1800	16	58%～60%	≤1	2700	24	55%～58%	≤2
			1	无	3300	27	55%～58%	≤2	4500	38	50%～55%	≤5
			1	有	1500	13	58%～60%	≤1	2400	20	58%～60%	≤2
			2	无	3000	26	55%～58%	≤2	4200	36	50%～55%	≤3
			2	有	1200	11	58%～60%	≤1	2100	18	58%～60%	≤1

噪声源：轴流风机			传播路径		站台公共区 70dB(A)				站台公共区 60dB(A)			
风量	全压	声功率级	弯头	有无屏蔽门	消声器长度	消声量	通流比	全压损失系数	消声器长度	消声量	通流比	全压损失系数
m³/s	Pa	dB(A)	个	—	mm	dB	—	—	mm	dB	—	—
40	800	110	0	无	3300	27	55%~58%	≤2	4500	38	50%~55%	≤5
				有	1500	13	58%~60%	≤1	2400	20	58%~60%	≤2
			1	无	3000	26	55%~58%	≤2	4200	36	50%~55%	≤5
				有	1200	11	58%~60%	≤1	2100	18	58%~60%	≤2
			2	无	2700	24	55%~58%	≤2	3900	33	50%~55%	≤3
				有	900	9	58%~60%	≤1	1800	16	58%~60%	≤1
35	750	109	0	无	3000	26	55%~58%	≤2	4200	36	50%~55%	≤5
				有	1200	11	58%~60%	≤1	2100	18	58%~60%	≤2
			1	无	2700	24	55%~58%	≤2	3900	33	50%~55%	≤3
				有	900	9	58%~60%	≤1	1800	16	58%~60%	≤1
			2	无	2400	22	55%~58%	≤2	3600	32	50%~55%	≤3
				有	900	9	58%~60%	≤1	1500	13	58%~60%	≤1
30	750	104	0	无	2400	22	55%~58%	≤2	3600	32	50%~55%	≤3
				有	900	9	58%~60%	≤1	1500	13	58%~60%	≤1
			1	无	2100	20	55%~58%	≤2	3300	30	50%~55%	≤3
				有	600	6	58%~60%	≤1	1200	11	58%~60%	≤1
			2	无	1800	18	55%~58%	≤2	3000	28	50%~55%	≤3
				有	风机噪声经过多个传播环节衰减后，传至站台公共区≤70dBA，不需要采取降噪措施				900	9	58%~60%	≤1

注：本表列举的排热风机在正常运营时段（不考虑排烟和补风工况）传至站台公共区域的等效连续声压级 L_{Aeq} 满足站台噪声标准的噪声控制方案的主要技术参数。

表 B-5 车站内部通风机对站台设备管理用房噪声控制方案技术参数

噪声源：轴流风机			传播路径		设备管理用房 60dB(A)				设备管理用房 50dB(A)			
风量	全压	声功率级	风管弯头	风管长度	消声器长度	消声量	通流比	全压损失系数	消声器长度	消声量	通流比	全压损失系数
m³/s	Pa	dB(A)	个	—	mm	dB	—	—	mm	dB	—	—
25	650	103	0	5	3000	28	50%~55%	≤3	4800	39	50%~55%	≤5
				10	3000	28	50%~55%	≤3	4800	39	50%~55%	≤5
				15	2700	26	50%~55%	≤3	4500	38	50%~55%	≤5

噪声源：轴流风机			传播路径		设备管理用房 60dB(A)				设备管理用房 50dB(A)			
风量	全压	声功率级	风管弯头	风管长度	消声器长度	消声量	通流比	全压损失系数	消声器长度	消声量	通流比	全压损失系数
m³/s	Pa	dB(A)	个	—	mm	dB	—	—	mm	dB	—	—
25	650	103	1	5	2400	24	50%～55%	≤3	4200	36	50%～55%	≤5
				10	2400	24	50%～55%	≤3	4200	36	50%～55%	≤5
				15	2100	22	50%～55%	≤2	3900	33	50%～55%	≤2
			2	5	1800	20	50%～55%	≤2	3600	32	50%～55%	≤2
				10	1800	20	50%～55%	≤2	3600	32	50%～55%	≤2
				15	1500	19	50%～55%	≤2	3300	30	50%～55%	≤2
20	600	101	0	5	3000	26	55%～58%	≤2	4800	36	55%～58%	≤3
				10	3000	26	55%～58%	≤2	4800	36	55%～58%	≤3
				15	2700	24	55%～58%	≤2	4500	34	55%～58%	≤3
			1	5	2400	22	55%～58%	≤2	4200	34	55%～58%	≤3
				10	2400	22	55%～58%	≤2	4200	34	55%～58%	≤3
				15	2100	20	55%～58%	≤2	3900	31	55%～58%	≤2
			2	5	1800	18	55%～58%	≤2	3600	29	55%～58%	≤2
				10	1800	18	55%～58%	≤2	3600	29	55%～58%	≤2
				15	1500	15	55%～58%	≤2	3300	27	55%～58%	≤2
15	550	100	0	5	2700	26	50%～55%	≤3	4500	35	55%～58%	≤3
				10	2700	26	50%～55%	≤3	4500	35	55%～58%	≤3
				15	2400	24	50%～55%	≤3	4200	34	55%～58%	≤3
			1	5	2100	22	50%～55%	≤2	3900	31	55%～58%	≤2
				10	2100	22	50%～55%	≤2	3900	31	55%～58%	≤2
				15	1800	20	50%～55%	≤2	3600	29	55%～58%	≤2
			2	5	1500	17	50%～55%	≤2	3300	27	55%～58%	≤2
				10	1500	17	50%～55%	≤2	3300	27	55%～58%	≤2
				15	1200	15	50%～55%	≤2	3000	26	55%～58%	≤2

噪声源：轴流风机			传播路径		设备管理用房 60dB(A)				设备管理用房 50dB(A)			
风量	全压	声功率级	风管弯头	风管长度	消声器长度	消声量	通流比	全压损失系数	消声器长度	消声量	通流比	全压损失系数
m³/s	Pa	dB(A)	个	—	mm	dB	—	—	mm	dB	—	—
10	500	99	0	5	2400	24	50%～55%	≤2	4200	34	55%～58%	≤3
				10	2400	24	50%～55%	≤2	4200	34	55%～58%	≤3
				15	2100	22	50%～55%	≤2	3900	31	55%～58%	≤2
			1	5	1800	20	50%～55%	≤2	3600	29	55%～58%	≤2
				10	1800	20	50%～55%	≤2	3600	29	55%～58%	≤2
				15	1500	17	50%～55%	≤2	3300	27	55%～58%	≤2
			2	5	1500	17	50%～55%	≤2	3000	26	55%～58%	≤2
				10	1500	17	50%～55%	≤2	3000	26	55%～58%	≤2
				15	1200	15	50%～55%	≤2	2700	24	55%～58%	≤2
7	450	96	0	5	2100	22	50%～55%	≤2	3900	31	55%～58%	≤2
				10	2100	22	50%～55%	≤2	3900	31	55%～58%	≤2
				15	1800	20	50%～55%	≤2	3600	29	55%～58%	≤2
			1	5	1500	17	50%～55%	≤2	3300	27	55%～58%	≤2
				10	1500	17	50%～55%	≤2	3300	27	55%～58%	≤2
				15	1200	15	50%～55%	≤2	3000	26	55%～58%	≤2
			2	5	900	13	50%～55%	≤2	2700	24	55%～58%	≤2
				10	900	13	50%～55%	≤2	2700	24	55%～58%	≤2
				15	600	11	50%～55%	≤2	2400	22	55%～58%	≤2
5	420	93	0	5	1800	18	55%～58%	≤2	3600	29	55%～58%	≤2
				10	1800	18	55%～58%	≤2	3600	29	55%～58%	≤2
				15	1500	17	50%～55%	≤2	3300	27	55%～58%	≤2
			1	5	1500	15	55%～58%	≤2	3000	26	55%～58%	≤2
				10	1500	15	55%～58%	≤2	3000	26	55%～58%	≤2
				15	1200	13	55%～58%	≤2	2700	24	55%～58%	≤2
			2	5	1200	11	58%～60%	≤1	2400	22	55%～58%	≤2
				10	1200	11	58%～60%	≤1	2400	22	55%～58%	≤2
				15	900	9	58%～60%	≤1	2100	20	55%～58%	≤2

噪声源：轴流风机			传播路径		设备管理用房 60dB(A)				设备管理用房 50dB(A)			
风量	全压	声功率级	风管弯头	风管长度	消声器长度	消声量	通流比	全压损失系数	消声器长度	消声量	通流比	全压损失系数
m³/s	Pa	dB(A)	个	—	mm	dB	—	—	mm	dB	—	—
3	350	92	0	5	1500	17	50%～55%	≤2	3300	27	55%～58%	≤2
				10	1500	17	50%～55%	≤2	3300	27	55%～58%	≤2
				15	1200	15	50%～55%	≤2	3000	26	55%～58%	≤2
			1	5	1200	13	58%～60%	≤1	2700	24	55%～58%	≤2
				10	1200	13	58%～60%	≤1	2700	24	55%～58%	≤2
				15	900	12	55%～58%	≤2	2400	22	55%～58%	≤2
			2	5	900	9	58%～60%	≤1	2100	20	55%～58%	≤2
				10	900	9	58%～60%	≤1	2100	20	55%～58%	≤2
				15	600	9	55%～58%	≤1	1800	18	55%～58%	≤2

注：本表列举的典型轴流风机在正常运营时段（不考虑排烟补风工况）传至站内设备管理用房的等效连续声压级 L_{Aeq} 满足房间噪声标准的噪声控制方案的主要技术参数。

B.4 空调机组（器）对站外影响的噪声控制方案技术参数

如表 B-6 所示。

表 B-6 典型空调机组（器）对站外噪声控制方案技术参数

噪声源：空调机组

风量 (m³/s)	全压 (Pa)	空调机组 声功率级 (dB(A))	弯头 (个)	风道长度 (m)	风亭口部平面到监测点距离 (m)	3类区/4a类区 55dB(A) 消声器长度(mm)	消声量(dB)	通流比	全压损失系数	2类区 50dB(A) 消声器长度(mm)	消声量(dB)	通流比	全压损失系数	1类区 45dB(A) 消声器长度(mm)	消声量(dB)	通流比	全压损失系数	0类区 40dB(A) 消声器长度(mm)	消声量(dB)	通流比	全压损失系数
33.3	1200	96	1	10	1	3000	26	55%~58%	—	—	—	—	—	—	—	—	—	—	—	—	—
					5	2100	18	58%~60%	≤2	2400	22	55%~58%	—	—	—	—	—	—	—	—	—
					10	1500	13	58%~60%	≤1	1800	16	58%~60%	≤1	2400	22	55%~58%	≤2	3000	26	55%~58%	≤2
					15	900	9	58%~60%	≤1	1200	11	58%~60%	≤1	1800	16	58%~60%	≤1	2400	22	55%~58%	≤2
					20	600	6	58%~60%	≤1	900	9	58%~60%	≤1	1500	13	58%~60%	≤1	2100	18	58%~60%	≤2
					30	不需要采取降噪措施				600	6	58%~60%	≤1	1200	11	58%~60%	≤1	1800	16	58%~60%	≤1
			1	20	1	2700	26	50%~55%	≤2	2400	22	55%~58%	≤2	—	—	—	—	—	—	—	—
					5	1800	16	58%~60%	≤1	1800	16	58%~60%	≤1	2100	20	55%~58%	≤2	—	—	—	—
					10	1200	11	58%~60%	≤1	1200	11	58%~60%	≤1	1500	13	58%~60%	≤1	2700	24	55%~58%	≤2
					15	600	6	58%~60%	≤1	900	9	58%~60%	≤1	1200	11	58%~60%	≤1	2100	20	55%~58%	≤2
					20	不需要采取降噪措施				600	6	58%~60%	≤1	900	9	58%~60%	≤1	1800	16	58%~60%	≤1
					30	不需要采取降噪措施												1500	13	58%~60%	≤1

续表 B-6

风量 m³/s	全压 Pa	声功率级 dB(A)	弯头 个	风道长度 m	风亭口部平面到监测点距离 m	3类区/4a类区 55dB(A) 消声器长度 mm	消声量 dB	通流比	全压损失系数	2类区 50dB(A) 消声器长度 mm	消声量 dB	通流比	全压损失系数	1类区 45dB(A) 消声器长度 mm	消声量 dB	通流比	全压损失系数	0类区 40dB(A) 消声器长度 mm	消声量 dB	通流比	全压损失系数
噪声源：空调机组																					
33.3	1200	96	2	30	1	2400	22	55%~58%	≤2	—	—	—	—	—	—	—	—	—	—	—	—
					5	1200	11	58%~60%	≤1	1800	16	58%~60%	≤1	1800	18	55%~58%	≤2	2400	22	55%~58%	≤2
					10	600	6	58%~60%	≤1	1200	11	58%~60%	≤1	1200	11	58%~60%	≤1	1800	16	58%~60%	≤1
					15	不需要采取降噪措施				600	6	58%~60%	≤1	900	9	58%~60%	≤1	1500	13	58%~60%	≤1
					20	不需要采取降噪措施				不需要采取降噪措施				600	6	58%~60%	≤1	1200	11	58%~60%	≤1
					30	不需要采取降噪措施				不需要采取降噪措施				—	—	—	—	—	—	—	—
			2	40	1	2100	18	58%~60%	≤2	—	—	—	—	—	—	—	—	—	—	—	—
					5	600	6	58%~60%	≤1	1800	16	58%~60%	≤1	1800	16	58%~60%	≤1	2100	18	58%~60%	≤2
					10	不需要采取降噪措施				1200	11	58%~60%	≤1	1200	11	58%~60%	≤1	1500	13	58%~60%	≤1
					15	不需要采取降噪措施				600	6	58%~60%	≤1	900	9	58%~60%	≤1	1200	11	58%~60%	≤1
					20	不需要采取降噪措施				不需要采取降噪措施				600	6	58%~60%	≤1	900	9	58%~60%	≤1
					30	不需要采取降噪措施				不需要采取降噪措施				—	—	—	—	—	—	—	—

噪声源：空调机组

风量 m³/s	全压 Pa	声功率级 dB(A)	风道长度 m	弯头 个	风亭口部平面到监测点距离 m	3类区/4a类区 55dB(A)				2类区 50dB(A)				1类区 45dB(A)				0类区 40dB(A)			
						消声器长度 mm	消声量 dB	通流比	全压损失系数	消声器长度 mm	消声量 dB	通流比	全压损失系数	消声器长度 mm	消声量 dB	通流比	全压损失系数	消声器长度 mm	消声量 dB	通流比	全压损失系数
27.8	1100	97	10	1	1	3000	26	55%~58%	—	—	—	—	—	—	—	—	—	—	—	—	—
					5	2100	18	58%~60%	≤2	2400	22	55%~58%	≤2	—	—	—	—	—	—	—	—
					10	1500	13	58%~60%	≤2	1800	16	58%~60%	≤1	2400	22	55%~58%	≤2	3000	26	55%~58%	≤2
					15	900	9	58%~60%	≤1	1200	11	58%~60%	≤1	1800	16	58%~60%	≤1	2400	22	55%~58%	≤2
					20	600	6	58%~60%	≤1	900	9	58%~60%	≤1	1500	13	58%~60%	≤1	2100	18	58%~60%	≤2
					30	不需要采取降噪措施				600	6	58%~60%	≤1	1200	11	58%~60%	≤1	1800	16	58%~60%	≤1
			20	1	1	2700	26	50%~55%	≤3	—	—	—	—	—	—	—	—	—	—	—	—
					5	1800	16	58%~60%	≤1	2400	22	55%~58%	≤2	—	—	—	—	—	—	—	—
					10	1200	11	58%~60%	≤1	1800	16	58%~60%	≤1	2100	20	55%~58%	≤2	2700	24	55%~58%	≤2
					15	600	6	58%~60%	≤1	1200	11	58%~60%	≤1	1500	13	58%~60%	≤1	2100	20	55%~58%	≤2
					20	不需要采取降噪措施				900	9	58%~60%	≤1	1200	11	58%~60%	≤1	1800	16	58%~60%	≤1
					30	不需要采取降噪措施				600	6	58%~60%	≤1	900	9	58%~60%	≤1	1500	13	58%~60%	≤1

噪声源：空调机组

风量	全压	声功率级	弯头	风道长度	风亭口部平面到监测点距离	3类区/4a类区 55dB(A)				2类区 50dB(A)				1类区 45dB(A)				0类区 40dB(A)			
						消声器长度	消声量	通流比	全压损失系数	消声器长度	消声量	通流比	全压损失系数	消声器长度	消声量	通流比	全压损失系数	消声器长度	消声量	通流比	全压损失系数
m³/s	Pa	dB(A)	个	m	m	mm	dB			mm	dB			mm	dB			mm	dB		
27.8	1100	97	2	30	1	2400	22	55%~58%	≤2	—	—	—	—	—	—	—	—	—	—	—	—
					5	1200	11	58%~60%	≤1	1800	16	58%~60%	≤1	1800	18	55%~58%	≤2	—	—	—	—
					10	600	6	58%~60%	≤1	1200	11	58%~60%	≤1	1200	11	58%~60%	≤1	2400	22	55%~58%	≤2
					15	不需要采取降噪措施				600	6	58%~60%	≤1	900	9	58%~60%	≤1	1800	16	58%~60%	≤1
					20	不需要采取降噪措施				600	6	58%~60%	≤1	600	6	58%~60%	≤1	1500	13	58%~60%	≤1
					30	不需要采取降噪措施				不需要采取降噪措施				不需要采取降噪措施				1200	11	58%~60%	≤1
			2	40	1	2100	18	58%~60%	≤2	—	—	—	—	—	—	—	—	—	—	—	—
					5	600	6	58%~60%	≤1	1800	16	58%~60%	≤1	1800	16	58%~60%	≤1	—	—	—	—
					10	不需要采取降噪措施				1200	11	58%~60%	≤1	1200	11	58%~60%	≤1	2100	18	58%~60%	≤1
					15	不需要采取降噪措施				600	6	58%~60%	≤1	900	9	58%~60%	≤1	1500	13	58%~60%	≤1
					20	不需要采取降噪措施				不需要采取降噪措施				600	6	58%~60%	≤1	1200	11	58%~60%	≤1
					30	不需要采取降噪措施				不需要采取降噪措施				不需要采取降噪措施				900	9	58%~60%	≤1

噪声源：空调机组			传播路径		风亭口部平面到监测点距离	3类区/4a类区 55dB(A)				2类区 50dB(A)				1类区 45dB(A)				0类区 40dB(A)			
风量	全压	声功率级	弯头	风道长度		消声器长度	消声量	通流比	全压损失系数	消声器长度	消声量	通流比	全压损失系数	消声器长度	消声量	通流比	全压损失系数	消声器长度	消声量	通流比	全压损失系数
m³/s	Pa	dB(A)	个	m	m	mm	dB			mm	dB			mm	dB			mm	dB		
22.2	1000	97	1	10	1	3000	26	55%~58%	≤2	—	—	—	—	—	—	—	—	—	—	—	—
					5	2100	18	58%~60%	≤2	2400	22	55%~58%	≤2	2400	22	55%~58%	≤2	3000	26	55%~58%	≤2
					10	1500	13	58%~60%	≤1	1800	16	58%~60%	≤1	1800	16	58%~60%	≤1	2400	22	55%~58%	≤2
					15	900	9	58%~60%	≤1	1200	11	58%~60%	≤1	1500	13	58%~60%	≤1	2100	18	58%~60%	≤2
					20	600	6	58%~60%	≤1	900	9	58%~60%	≤1	1200	11	58%~60%	≤1	1800	16	58%~60%	≤1
					30	不需要采取降噪措施				600	6	58%~60%	≤1	—	—	—	—	—	—	—	—
			1	20	1	2700	26	50%~55%	≤3	—	—	—	—	—	—	—	—	—	—	—	—
					5	1800	16	58%~60%	≤1	2400	22	55%~58%	≤2	2100	20	55%~58%	≤2	2700	24	55%~58%	≤2
					10	1200	11	58%~60%	≤1	1800	16	58%~60%	≤1	1500	13	58%~60%	≤1	2100	20	55%~58%	≤2
					15	600	6	58%~60%	≤1	1200	11	58%~60%	≤1	1200	11	58%~60%	≤1	1800	16	58%~60%	≤1
					20	不需要采取降噪措施				900	9	58%~60%	≤1	900	9	58%~60%	≤1	1500	13	58%~60%	≤1
					30	不需要采取降噪措施				600	6	58%~60%	≤1	—	—	—	—	—	—	—	—

噪声源：空调机组

风量	全压	声功率级	传播路径		风亭口部平面到监测点距离	3类区/4a类区 55dB(A)				2类区 50dB(A)				1类区 45dB(A)				0类区 40dB(A)			
			弯头	风道长度		消声器长度	消声量	通流比	全压损失系数	消声器长度	消声量	通流比	全压损失系数	消声器长度	消声量	通流比	全压损失系数	消声器长度	消声量	通流比	全压损失系数
m³/s	Pa	dB(A)	个	m	m	mm	dB	—	—	mm	dB	—	—	mm	dB	—	—	mm	dB	—	—
22.2	1000	97	2	30	1	2400	22	55%~58%	—	—	—	—	—	—	—	—	—	—	—	—	—
					5	1200	11	58%~60%	≤2	1800	16	58%~60%	≤1	—	—	—	—	—	—	—	—
					10	600	6	58%~60%	≤1	1200	11	58%~60%	≤1	1800	18	55%~58%	≤2	2400	22	55%~58%	≤2
					15	不需要采取降噪措施				600	6	58%~60%	≤1	1200	11	58%~60%	≤1	1800	16	58%~60%	≤1
					20	不需要采取降噪措施				不需要采取降噪措施				900	9	58%~60%	≤1	1500	13	58%~60%	≤1
					30	不需要采取降噪措施				不需要采取降噪措施				600	6	58%~60%	≤1	1200	11	58%~60%	≤1
			2	40	1	2100	18	58%~60%	≤2	—	—	—	—	—	—	—	—	—	—	—	—
					5	600	6	58%~60%	≤1	1800	16	58%~60%	≤1	—	—	—	—	—	—	—	—
					10	不需要采取降噪措施				1200	11	58%~60%	≤1	1800	16	58%~60%	≤1	2100	18	58%~60%	≤2
					15	不需要采取降噪措施				600	6	58%~60%	≤1	1200	11	58%~60%	≤1	1500	13	58%~60%	≤1
					20	不需要采取降噪措施				不需要采取降噪措施				900	9	58%~60%	≤1	1200	11	58%~60%	≤1
					30	不需要采取降噪措施				不需要采取降噪措施				600	6	58%~60%	≤1	900	9	58%~60%	≤1

噪声源：空调机组

风量 m³/s	全压 Pa	声功率级 dB(A)	弯头 个	风道长度 m	风亭口部平面到监测点距离 m	3类区/4a类区 55dB(A) 消声器长度 mm	消声量 dB	通流比	全压损失系数	2类区 50dB(A) 消声器长度 mm	消声量 dB	通流比	全压损失系数	1类区 45dB(A) 消声器长度 mm	消声量 dB	通流比	全压损失系数	0类区 40dB(A) 消声器长度 mm	消声量 dB	通流比	全压损失系数
16.7	900	94	1	10	1	2400	22	55%~58%	—	—	—	—	—	—	—	—	—	—	—	—	—
					5	1200	11	58%~60%	≤2	2100	18	58%~60%	≤2	—	—	—	—	—	—	—	—
					10	900	9	58%~60%	≤1	1500	13	58%~60%	≤1	1800	16	58%~60%	≤1	2400	22	55%~58%	≤2
					15	600	6	58%~60%	≤1	900	9	58%~60%	≤1	1200	11	58%~60%	≤1	1800	16	58%~60%	≤1
					20	不需要采取降噪措施				600	6	58%~60%	≤1	900	9	58%~60%	≤1	1500	13	58%~60%	≤1
					30	不需要采取降噪措施				不需要采取降噪措施				600	6	58%~60%	≤1	1200	11	58%~60%	≤1
			1	20	1	2100	22	50%~55%	≤2	—	—	—	—	—	—	—	—	—	—	—	—
					5	900	9	58%~60%	≤1	2100	20	55%~58%	≤2	—	—	—	—	—	—	—	—
					10	600	6	58%~60%	≤1	1500	13	58%~60%	≤1	1800	18	55%~58%	≤2	2100	20	55%~58%	≤2
					15	不需要采取降噪措施				900	9	58%~60%	≤1	1200	11	58%~60%	≤1	1500	15	55%~58%	≤2
					20	不需要采取降噪措施				600	6	58%~60%	≤1	900	9	58%~60%	≤1	1200	11	58%~60%	≤1
					30	不需要采取降噪措施				不需要采取降噪措施				600	6	58%~60%	≤1	900	9	58%~60%	≤1

噪声源：空调机组

风量 m³/s	全压 Pa	声功率级 dB(A)	弯头 个	风道长度 m	风亭口部平面到监测点距离 m	3类/4a类区 55dB(A) 消声器长度 mm	消声量 dB	通流比	全压损失系数	2类区 50dB(A) 消声器长度 mm	消声量 dB	通流比	全压损失系数	1类区 45dB(A) 消声器长度 mm	消声量 dB	通流比	全压损失系数	0类区 40dB(A) 消声器长度 mm	消声量 dB	通流比	全压损失系数
16.7	900	94	2	30	1	1800	16	58%~60%	≤1	—	—	—	—	—	—	—	—	—	—	—	—
					5	600	6	58%~60%	≤1	1200	11	58%~60%	≤1	1200	13	55%~58%	≤1	—	—	—	—
					10	不需要采取降噪措施				600	6	58%~60%	≤1	900	9	58%~60%	≤1	1800	16	58%~60%	≤1
					15	不需要采取降噪措施				不需要采取降噪措施				600	6	58%~60%	≤1	1200	11	58%~60%	≤1
					20	不需要采取降噪措施				不需要采取降噪措施				不需要采取降噪措施				900	9	58%~60%	≤1
					30	不需要采取降噪措施				不需要采取降噪措施				不需要采取降噪措施				600	6	58%~60%	≤1
			2	40	1	1500	15	55%~58%	≤2	—	—	—	—	—	—	—	—	—	—	—	—
					5	600	6	58%~60%	≤1	900	11	55%~58%	≤2	1200	13	55%~58%	≤1	—	—	—	—
					10	不需要采取降噪措施				600	6	58%~60%	≤1	900	9	58%~60%	≤1	1500	15	55%~58%	≤2
					15	不需要采取降噪措施				不需要采取降噪措施				600	6	58%~60%	≤1	1200	11	58%~60%	≤1
					20	不需要采取降噪措施				不需要采取降噪措施				不需要采取降噪措施				900	9	58%~60%	≤1
					30	不需要采取降噪措施				不需要采取降噪措施				不需要采取降噪措施				600	6	58%~60%	≤1

噪声源：空调机组

风量	全压	声功率级	弯头	风道长度	风亭口部平面到监测点距离	3类区/4a类区 55dB(A) 消声器长度	消声量	通流比	全压损失系数	2类区 50dB(A) 消声器长度	消声量	通流比	全压损失系数	1类区 45dB(A) 消声器长度	消声量	通流比	全压损失系数	0类区 40dB(A) 消声器长度	消声量	通流比	全压损失系数
m³/s	Pa	dB(A)	个	m	m	mm	dB			mm	dB			mm	dB			mm	dB		
13.9	800	93	1	10	1	2400	22	55%~58%	≤2	—	—	—	—	—	—	—	—	—	—	—	—
					5	1200	11	58%~60%	≤1	2100	18	58%~60%	≤2	—	—	—	—	—	—	—	—
					10	900	9	58%~60%	≤1	1500	13	58%~60%	≤1	1800	16	58%~60%	≤1	2400	22	55%~58%	≤2
					15	600	6	58%~60%	≤1	900	9	58%~60%	≤1	1200	11	58%~60%	≤1	1800	16	58%~60%	≤1
					20	不需要采取降噪措施				600	6	58%~60%	≤1	900	9	58%~60%	≤1	1500	13	58%~60%	≤1
					30	不需要采取降噪措施				不需要采取降噪措施				600	6	58%~60%	≤1	1200	11	58%~60%	≤1
			1	20	1	2100	22	50%~55%	≤2	—	—	—	—	—	—	—	—	—	—	—	—
					5	900	9	58%~60%	≤1	1500	15	55%~58%	≤2	—	—	—	—	—	—	—	—
					10	600	6	58%~60%	≤1	900	9	58%~60%	≤1	1500	13	58%~60%	≤1	2100	20	55%~58%	≤2
					15	不需要采取降噪措施				600	6	58%~60%	≤1	900	9	58%~60%	≤1	1500	15	55%~58%	≤2
					20	不需要采取降噪措施				不需要采取降噪措施				600	6	58%~60%	≤1	1200	11	58%~60%	≤1
					30	不需要采取降噪措施				不需要采取降噪措施				600	6	58%~60%	≤1	900	9	58%~60%	≤1

传播路径（弯头、风道长度）

噪声源：空调机组

风量 (m³/s)	全压 (Pa)	声功率级 (dB(A))	传播路径 弯头 (个)	传播路径 风道长度 (m)	风亭口部平面到监测点距离 (m)	3类区/4a类区 55dB(A) 消声器长度 (mm)	消声量 (dB)	通流比	全压损失系数	2类区 50dB(A) 消声器长度 (mm)	消声量 (dB)	通流比	全压损失系数	1类区 45dB(A) 消声器长度 (mm)	消声量 (dB)	通流比	全压损失系数	0类区 40dB(A) 消声器长度 (mm)	消声量 (dB)	通流比	全压损失系数
13.9	800	93	2	30	1	1800	16	58%~60%	≤2	1200	11	58%~60%	0.98	1200	13	55%~58%	≤2	1800	16	58%~60%	≤1
					5	600	6	58%~60%	≤1	600	6	58%~60%	0.86	900	9	58%~60%	≤1	1200	11	58%~60%	≤1
					10	不需要采取降噪措施				不需要采取降噪措施				600	6	58%~60%	≤1	900	9	58%~60%	≤1
					15									不需要采取降噪措施				600	6	58%~60%	≤1
					20													不需要采取降噪措施			
					30																
			2	40	1	1500	15	55%~58%	≤2	900	11	55%~58%	≤2	1200	11	58%~60%	≤1	1500	15	55%~58%	≤2
					5	600	6	58%~60%	≤1	600	6	58%~60%	≤1	600	6	58%~60%	≤1	900	11	55%~58%	≤2
					10	不需要采取降噪措施				不需要采取降噪措施				不需要采取降噪措施				600	6	58%~60%	≤1
					15													600	6	58%~60%	≤1
					20													不需要采取降噪措施			
					30																

噪声源：空调机组

风量 m³/s	全压 Pa	声功率级 dB(A)	传播路径 弯头 个	风道长度 m	风亭口部平面到监测点距离 m	3类区/4a类区 55dB(A) 消声器长度 mm	消声量 dB	通流比	全压损失系数	2类区 50dB(A) 消声器长度 mm	消声量 dB	通流比	全压损失系数	1类区 45dB(A) 消声器长度 mm	消声量 dB	通流比	全压损失系数	0类区 40dB(A) 消声器长度 mm	消声量 dB	通流比	全压损失系数
11.1	700	91	1	10	1	1800	18	55%~58%	≤2	—	—	—	—	—	—	—	—	—	—	—	—
					5	900	9	58%~60%	≤1	1500	13	58%~60%	≤1	—	—	—	—	—	—	—	—
					10	600	6	58%~60%	≤1	900	9	58%~60%	≤1	1500	15	55%~58%	≤2	2100	20	55%~58%	≤2
					15	不需要采取降噪措施				600	6	58%~60%	≤1	900	11	55%~58%	≤2	1500	15	55%~58%	≤2
					20	不需要采取降噪措施				不需要采取降噪措施				600	9	55%~58%	≤1	1200	11	58%~60%	≤1
					30	不需要采取降噪措施				不需要采取降噪措施				600	6	58%~60%	≤1	900	9	58%~60%	≤1
			1	20	1	1500	15	55%~58%	≤2	—	—	—	—	—	—	—	—	—	—	—	—
					5	600	6	58%~60%	≤1	1200	11	58%~60%	≤1	—	—	—	—	1800	18	55%~58%	≤2
					10	不需要采取降噪措施				600	6	58%~60%	≤1	1500	13	58%~60%	≤1	1200	13	55%~58%	≤2
					15	不需要采取降噪措施				600	6	58%~60%	≤1	900	9	58%~60%	≤1	900	9	58%~60%	≤1
					20	不需要采取降噪措施				不需要采取降噪措施				600	6	58%~60%	≤1	600	6	58%~60%	≤1
					30	不需要采取降噪措施				不需要采取降噪措施				不需要采取降噪措施				不需要采取降噪措施			

噪声源：空调机组

风量 m³/s	全压 Pa	声功率级 dB(A)	弯头 个	风道长度 m	风亭口部平面到监测点距离 m	3类区/4a类区 55dB(A) 消声器长度 mm	消声量 dB	通流比	全压损失系数	2类区 50dB(A) 消声器长度 mm	消声量 dB	通流比	全压损失系数	1类区 45dB(A) 消声器长度 mm	消声量 dB	通流比	全压损失系数	0类区 40dB(A) 消声器长度 mm	消声量 dB	通流比	全压损失系数
		91	2	30	1	900	11	55%~58%	≤2	600	9	55%~58%	≤2	900	9	58%~60%	≤1	1500	15	55%~58%	≤2
					5	不需要采取降噪措施				不需要采取降噪措施				600	6	58%~60%	≤1	900	9	58%~60%	≤1
					10									不需要采取降噪措施				600	6	58%~60%	≤1
					15													600	6	58%~60%	≤1
					20													不需要采取降噪措施			
					30																
11.1	700	91	2	40	1	900	11	55%~58%	≤2	600	9	55%~58%	≤2	900	9	58%~60%	≤1	1500	13	58%~60%	≤1
					5	不需要采取降噪措施				不需要采取降噪措施				600	6	58%~60%	≤1	900	9	58%~60%	≤1
					10									不需要采取降噪措施				600	6	58%~60%	≤1
					15													不需要采取降噪措施			
					20																
					30																

噪声源：空调机组

风量 m³/s	全压 Pa	声功率级 dB(A)	弯头 个	风道长度 m	风亭口部平面到监测点距离 m	3类区/4a类区 55dB(A) 消声器长度 mm	消声量 dB	通流比	全压损失系数 —	2类区 50dB(A) 消声器长度 mm	消声量 dB	通流比	全压损失系数 —	1类区 45dB(A) 消声器长度 mm	消声量 dB	通流比	全压损失系数 —	0类区 40dB(A) 消声器长度 mm	消声量 dB	通流比	全压损失系数 —
8.33	600	88	1	10	1	1500	15	55%~58%	≤2	900	11	55%~58%	≤2	1200	11	58%~60%	≤1	1500	15	55%~58%	≤2
					5	600	6	58%~60%	≤1	600	6	58%~60%	≤1	900	9	58%~60%	≤1	1200	11	58%~60%	≤1
					10	不需要采取降噪措施				不需要采取降噪措施				600	6	58%~60%	≤1	900	9	58%~60%	≤1
					15	不需要采取降噪措施				不需要采取降噪措施				不需要采取降噪措施				600	6	58%~60%	≤1
					20	不需要采取降噪措施				不需要采取降噪措施				不需要采取降噪措施				—	—	—	—
					30	不需要采取降噪措施				不需要采取降噪措施				不需要采取降噪措施				—	—	—	—
			1	20	1	1500	13	58%~60%	≤1	900	9	58%~60%	≤1	900	9	58%~60%	≤1	1200	13	55%~58%	≤2
					5	600	6	58%~60%	≤1	600	6	58%~60%	≤1	600	6	58%~60%	≤1	900	11	55%~58%	≤2
					10	不需要采取降噪措施				不需要采取降噪措施				不需要采取降噪措施				600	6	58%~60%	≤1
					15	不需要采取降噪措施				不需要采取降噪措施				不需要采取降噪措施				600	6	58%~60%	≤1
					20	不需要采取降噪措施				不需要采取降噪措施				不需要采取降噪措施				—	—	—	—
					30	不需要采取降噪措施				不需要采取降噪措施				不需要采取降噪措施				—	—	—	—

噪声源：空调机组 风量 (m³/s)	全压 (Pa)	声功率级 dB(A)	传播路径 弯头 (个)	风道长度 (m)	风亭口部平面到监测点距离 (m)	3类区/4a类区 55dB(A) 消声器长度 (mm)	消声量 (dB)	通流比	全压损失系数	2类区 50dB(A) 消声器长度 (mm)	消声量 (dB)	通流比	全压损失系数	1类区 45dB(A) 消声器长度 (mm)	消声量 (dB)	通流比	全压损失系数	0类区 40dB(A) 消声器长度 (mm)	消声量 (dB)	通流比	全压损失系数
8.33	600	88	2	30	1	900	11	55%~58%	≤2	—	—	—	—	—	—	—	—	—	—	—	—
					5	不需要采取降噪措施				—	—	—	—	—	—	—	—	—	—	—	—
					10					600	6	58%~60%	≤1	600	6	58%~60%	≤1	900	9	58%~60%	≤1
					15					不需要采取降噪措施				不需要采取降噪措施				600	6	58%~60%	≤1
					20													600	6	58%~60%	≤1
					30													不需要采取降噪措施			
			2	40	1	600	6	58%~60%	≤1	—	—	—	—	—	—	—	—	—	—	—	—
					5	不需要采取降噪措施				—	—	—	—	—	—	—	—	—	—	—	—
					10					600	6	58%~60%	≤1	600	6	58%~60%	≤1	900	9	58%~60%	≤1
					15					不需要采取降噪措施				不需要采取降噪措施				600	6	58%~60%	≤1
					20													不需要采取降噪措施			
					30																

续表 B-6

噪声源：空调机组

风量 (m³/s)	全压 (Pa)	空调机组声功率级 dB(A)	传播路径 弯头 (个)	风道长度 (m)	风亭口部平面到监测点距离 (m)	3类区/4a类区 55dB(A) 消声器长度 (mm)	消声量 (dB)	通流比	全压损失系数	2类区 50dB(A) 消声器长度 (mm)	消声量 (dB)	通流比	全压损失系数	1类区 45dB(A) 消声器长度 (mm)	消声量 (dB)	通流比	全压损失系数	0类区 40dB(A) 消声器长度 (mm)	消声量 (dB)	通流比	全压损失系数
5.56	500	86	1	10	≤15	900	11	55%~58%	≤2	900	11	55%~58%	≤2	900	15	45%~50%	≤3	900	15	45%~50%	≤3
			1	20	>15	风机噪声经过多个传播环节衰减后，传至风亭外≤40dBA，不需要采取降噪措施															
			1	10	≤15	900	11	55%~58%	≤2	900	11	55%~58%	≤2	900	15	45%~50%	≤3	900	15	45%~50%	≤3
			1	20	>15	风机噪声经过多个传播环节衰减后，传至风亭外≤40dBA，不需要采取降噪措施															
			2	30	≤15	900	9	58%~60%	≤1	900	9	58%~60%	≤1	900	13	50%~55%	≤2	900	13	50%~55%	≤2
			2	40	>15	风机噪声经过多个传播环节衰减后，传至风亭外≤40dBA，不需要采取降噪措施															
			2	30	≤15	900	9	58%~60%	≤1	900	9	58%~60%	≤1	900	11	55%~58%	≤1	900	11	55%~58%	≤2
			2	40	>15	风机噪声经过多个传播环节衰减后，传至风亭外≤40dBA，不需要采取降噪措施															
2.78	450	84	1	10	≤15	风机噪声经过多个传播环节衰减后，传至风亭外≤40dBA，不需要采取降噪措施															
			1	20	>15																
			1	10	≤15	风机噪声经过多个传播环节衰减后，传至风亭外≤40dBA，不需要采取降噪措施															
			1	20	>15																
			2	30	≤15	风机噪声经过多个传播环节衰减后，传至风亭外≤40dBA，不需要采取降噪措施															
			2	40	>15																
			2	30	≤15	风机噪声经过多个传播环节衰减后，传至风亭外≤40dBA，不需要采取降噪措施															
			2	40	>15																

噪声源：空调机组

风量 m³/s	全压 Pa	空调机组 声功率级 dB(A)	传播路径 弯头 个	风道长度 m	风亭口部平面到监测点距离 m	3类区/4a类区 55dB(A) 消声器长度 mm	消声量 dB	通流比	全压损失系数	2类区 50dB(A) 消声器长度 mm	消声量 dB	通流比	全压损失系数	1类区 45dB(A) 消声器长度 mm	消声量 dB	通流比	全压损失系数	0类区 40dB(A) 消声器长度 mm	消声量 dB	通流比	全压损失系数
1.39	400	82	1	10	≤15	900	9	58%～60%	≤1	900	9	58%～60%	≤1	900	11	55%～58%	≤2	900	11	55%～58%	≤2
			1	20	>15	风机噪声经过多个传播环节衰减后，传至风亭外≤40dBA，不需要采取降噪措施								900	9	58%～60%	≤1	900	9	58%～60%	≤1
			2	30	≤15	600	6	58%～60%	≤1	600	6	58%～60%	≤1								
			2	40	>15	风机噪声经过多个传播环节衰减后，传至风亭外≤40dBA，不需要采取降噪措施															

风机噪声≤80dBA时，对风亭外的噪声影响＜40dBA，不需要采取降噪措施。

注：1 本表列举的站内空调机组（器）在正常运行时段传至风亭外的等效连续声压级 L_{Aeq} 满足各类声功能区噪声控制标准的噪声控制方案的主要技术参数；

2 对于0类区、1类区的风亭与敏感点或控制点的距离均在厂界红线（5m）外，故表中没有数据。

B.5 车站通风轴流风机对站外影响的噪声控制方案技术参数

如表 B-7～表 B-10 所示。

表 B-7　车站隧道排热风机对站外的噪声控制方案技术参数

噪声源：轴流风机 18#			传播路径		风亭口部平面到监测点距离	3类区/4a类区 55dB(A)				2类区 50dB(A)				1类区 45dB(A)				0类区 40dB(A)			
风量	全压	声功率级	弯头	风道长度		消声器长度	消声量	通流比	全压损失系数	消声器长度	消声量	通流比	全压损失系数	消声器长度	消声量	通流比	全压损失系数	消声器长度	消声量	通流比	全压损失系数
m³/s	Pa	dB(A)	个	m	m	mm	dB			mm	dB			mm	dB			mm	dB		
40	800	111	1	10	1	4500	35	—	—	—	—	—	—	—	—	—	—	—	—	—	—
					5	3300	27	55%~58%	≤4	3900	31	55%~58%	≤2	—	—	—	—	—	—	—	—
					10	2700	22	55%~58%	≤2	3300	27	55%~58%	≤2	3900	31	55%~58%	≤2	4500	35	55%~58%	≤4
					15	2100	18	58%~60%	≤2	2700	22	58%~60%	≤2	3300	27	55%~58%	≤2	3900	31	55%~58%	≤2
					20	1800	16	58%~60%	≤1	2400	20	58%~60%	≤1	3000	26	55%~58%	≤2	3600	29	55%~58%	≤2
					30	1500	13	58%~60%	≤1	2100	18	58%~60%	≤1	2700	22	58%~60%	≤2	3300	27	55%~58%	≤2
			1	20	1	4200	34	55%~58%	≤4	—	—	—	—	—	—	—	—	—	—	—	—
					5	3000	23	58%~60%	≤2	3600	29	55%~58%	≤2	—	—	—	—	—	—	—	—
					10	2400	20	58%~60%	≤2	3000	23	58%~60%	≤2	3600	29	55%~58%	≤2	4200	34	55%~58%	≤4
					15	1800	16	58%~60%	≤1	2400	20	58%~60%	≤1	3000	26	55%~58%	≤2	3600	29	55%~58%	≤2
					20	1500	13	58%~60%	≤1	2100	18	58%~60%	≤1	2700	22	58%~60%	≤2	3300	27	55%~58%	≤2
					30	1200	11	58%~60%	≤1	1800	16	58%~60%	≤1	2400	20	58%~60%	≤1	3000	23	58%~60%	≤2

噪声源：轴流风机 18#

风量	全压	声功率级	弯头	风道长度	风亭口部平面到监测点距离	3类区/4a类区 55dB(A)				2类区 50dB(A)				1类区 45dB(A)				0类区 40dB(A)			
m³/s	Pa	dB(A)	个	m	m	消声器长度 mm	消声量 dB	通流比	全压损失系数	消声器长度 mm	消声量 dB	通流比	全压损失系数	消声器长度 mm	消声量 dB	通流比	全压损失系数	消声器长度 mm	消声量 dB	通流比	全压损失系数
40	800	111	2	30	1	3600	29	55%~58%	≤2	—	—	—	—	—	—	—	—	—	—	—	—
					5	2700	22	58%~60%	≤2	3300	27	55%~58%	≤2	—	—	—	—	—	—	—	—
					10	2100	18	58%~60%	≤2	2700	24	55%~58%	≤2	3300	25	58%~60%	≤2	3900	31	55%~58%	≤2
					15	1500	13	58%~60%	≤1	2100	18	58%~60%	≤2	2700	22	58%~60%	≤2	3300	27	55%~58%	≤2
					20	1200	11	58%~60%	≤1	1800	16	58%~60%	≤1	2400	20	58%~60%	≤2	3000	23	58%~60%	≤2
					30	900	9	58%~60%	≤1	1500	13	58%~60%	≤1	2100	18	58%~60%	≤2	2700	22	58%~60%	≤2
			2	40	1	3300	27	55%~58%	≤2	—	—	—	—	—	—	—	—	—	—	—	—
					5	2400	20	58%~60%	≤2	3000	26	55%~58%	≤2	—	—	—	—	—	—	—	—
					10	1800	16	58%~60%	≤1	2400	22	55%~58%	≤2	3000	23	58%~60%	≤2	3600	29	55%~58%	≤2
					15	1200	11	58%~60%	≤1	1800	16	58%~60%	≤1	2400	20	58%~60%	≤2	3000	26	55%~58%	≤2
					20	900	9	58%~60%	≤1	1500	13	58%~60%	≤1	2100	18	58%~60%	≤1	2700	22	58%~60%	≤2
					30	600	6	58%~60%	≤1	1200	11	58%~60%	≤1	1800	16	58%~60%	≤1	2400	20	58%~60%	≤2

噪声源：轴流风机 16#

风量 m³/s	全压 Pa	声功率级 dB(A)	弯头 个	风道长度 m	风亭口部平面到监测点距离 m	3类区/4a类区 55dB(A) 消声器长度 mm	消声量 dB	通流比	全压损失系数	2类区 50dB(A) 消声器长度 mm	消声量 dB	通流比	全压损失系数	1类区 45dB(A) 消声器长度 mm	消声量 dB	通流比	全压损失系数	0类区 40dB(A) 消声器长度 mm	消声量 dB	通流比	全压损失系数
40	800	110	1	10	1	4500	35	55%~58%	—	—	—	—	—	—	—	—	—	—	—	—	—
			1	10	5	3300	27	55%~58%	≤4	3900	31	55%~58%	≤2	—	—	—	—	—	—	—	—
			1	10	10	2700	22	58%~60%	≤2	3300	27	55%~58%	≤2	3900	31	55%~58%	≤2	4500	35	55%~58%	≤4
			1	10	15	2100	18	58%~60%	≤2	2700	22	58%~60%	≤2	3300	27	55%~58%	≤2	3900	31	55%~58%	≤2
			1	10	20	1800	16	58%~60%	≤2	2400	20	58%~60%	≤2	3000	26	55%~58%	≤2	3600	29	55%~58%	≤2
			1	10	30	1500	13	58%~60%	≤1	2100	18	58%~60%	≤2	2700	22	58%~60%	≤2	3300	27	55%~58%	≤2
			1	20	1	4200	34	55%~58%	≤4	—	—	—	—	—	—	—	—	—	—	—	—
			1	20	5	3000	23	58%~60%	≤2	3600	29	55%~58%	≤2	—	—	—	—	—	—	—	—
			1	20	10	2400	20	58%~60%	≤2	3000	26	55%~58%	≤2	3600	29	55%~58%	≤2	4200	34	55%~58%	≤4
			1	20	15	1800	16	58%~60%	≤1	2400	20	58%~60%	≤2	3000	26	55%~58%	≤2	3600	29	55%~58%	≤2
			1	20	20	1500	13	58%~60%	≤1	2100	18	58%~60%	≤2	2700	22	58%~60%	≤2	3300	27	55%~58%	≤2
			1	20	30	1200	11	58%~60%	≤1	1800	16	58%~60%	≤1	2400	20	58%~60%	≤2	3000	23	58%~60%	≤2

风量 m³/s	全压 Pa	声功率级 dB(A)	弯头 个	风道长度 m	风亭口部平面到监测点距离 m	3类区/4a类区 55dB(A)				2类区 50dB(A)				1类区 45dB(A)				0类区 40dB(A)			
						消声器长度 mm	消声量 dB	通流比	全压损失系数	消声器长度 mm	消声量 dB	通流比	全压损失系数	消声器长度 mm	消声量 dB	通流比	全压损失系数	消声器长度 mm	消声量 dB	通流比	全压损失系数
40	800	110	2	30	1	3600	29	55%~58%	≤2	—	—	—	—	—	—	—	—	—	—	—	—
					5	2700	22	58%~60%	≤2	3300	27	55%~58%	≤2	—	—	—	—	—	—	—	—
					10	2100	18	58%~60%	≤2	2700	24	55%~58%	≤2	3300	25	58%~60%	≤2	3900	31	55%~58%	≤2
					15	1500	13	58%~60%	≤1	2100	18	58%~60%	≤2	2700	22	58%~60%	≤2	3300	27	55%~58%	≤2
					20	1200	11	58%~60%	≤1	1800	16	58%~60%	≤1	2400	20	58%~60%	≤2	3000	23	58%~60%	≤2
					30	900	9	58%~60%	≤1	1500	13	58%~60%	≤1	2100	18	58%~60%	≤1	2700	22	58%~60%	≤2
			2	40	1	3300	27	55%~58%	≤2	—	—	—	—	—	—	—	—	—	—	—	—
					5	2400	20	58%~60%	≤2	3000	26	55%~58%	≤2	—	—	—	—	—	—	—	—
					10	1800	16	58%~60%	≤1	2400	22	55%~58%	≤2	3000	23	58%~60%	≤2	3600	29	55%~58%	≤2
					15	1200	11	58%~60%	≤1	1800	16	58%~60%	≤1	2400	20	58%~60%	≤1	3000	26	55%~58%	≤2
					20	900	9	58%~60%	≤1	1500	13	58%~60%	≤1	2100	18	58%~60%	≤1	2700	22	58%~60%	≤2
					30	600	6	58%~60%	≤1	1200	11	58%~60%	≤1	1800	16	58%~60%	≤1	2400	20	58%~60%	≤2

噪声源：轴流风机 16#

传播路径

噪声源：轴流风机 15#

风量	全压	声功率级	弯头	风道长度	风亭口部平面到监测点距离	3类区/4a类区 55dB(A)				2类区 50dB(A)				1类区 45dB(A)				0类区 40dB(A)			
						消声器长度	消声量	通流比	全压损失系数	消声器长度	消声量	通流比	全压损失系数	消声器长度	消声量	通流比	全压损失系数	消声器长度	消声量	通流比	全压损失系数
m³/s	Pa	dB(A)	个	m	m	mm	dB	—	—	mm	dB	—	—	mm	dB	—	—	mm	dB	—	—
35	750	109	1	10	1	4200	34	55%~58%	≤4	—	—	—	—	—	—	—	—	—	—	—	—
					5	3000	26	55%~58%	≤2	3600	29	55%~58%	—	—	—	—	—	—	—	—	—
					10	2400	20	58%~60%	≤2	3000	26	55%~58%	≤2	3600	29	55%~58%	≤2	4200	34	55%~58%	≤4
					15	1800	16	58%~60%	≤1	2400	20	58%~60%	≤2	3000	26	55%~58%	≤2	3600	29	55%~58%	≤2
					20	1500	13	58%~60%	≤1	2100	18	58%~60%	≤2	2700	24	55%~58%	≤2	3300	27	55%~58%	≤2
					30	1200	11	58%~60%	≤1	1800	16	58%~60%	≤1	2400	20	58%~60%	≤2	3000	26	55%~58%	≤2
			1	20	1	3900	31	55%~58%	≤2	—	—	—	—	—	—	—	—	—	—	—	—
					5	2700	22	58%~60%	≤2	3300	27	55%~58%	≤2	—	—	—	—	—	—	—	—
					10	2100	18	58%~60%	≤2	2700	24	55%~58%	≤2	3300	27	55%~58%	≤2	3900	31	55%~58%	≤2
					15	1500	13	58%~60%	≤1	2100	18	58%~60%	≤1	2700	24	55%~58%	≤2	3300	27	55%~58%	≤2
					20	1200	11	58%~60%	≤1	1800	16	58%~60%	≤1	2400	20	58%~60%	≤2	3000	26	55%~58%	≤2
					30	900	9	58%~60%	≤1	1500	13	58%~60%	≤1	2100	18	58%~60%	≤2	2700	22	58%~60%	≤2

噪声源：轴流风机 15#

风量 m³/s	全压 Pa	声功率级 dB(A)	传播路径 弯头 个	传播路径 风道长度 m	风亭口部平面到监测点距离 m	3类区/4a类区 55dB(A) 消声器长度 mm	消声量 dB	通流比	全压损失系数	2类区 50dB(A) 消声器长度 mm	消声量 dB	通流比	全压损失系数	1类区 45dB(A) 消声器长度 mm	消声量 dB	通流比	全压损失系数	0类区 40dB(A) 消声器长度 mm	消声量 dB	通流比	全压损失系数
35	750	109	2	30	1	3300	27	55%~58%	≤2	—	—	—	—	—	—	—	—	—	—	—	—
					5	2400	20	58%~60%	≤2	3000	26	55%~58%	≤2	—	—	—	—	—	—	—	—
					10	1800	16	58%~60%	≤1	2400	22	55%~58%	≤2	3000	23	58%~60%	≤2	3600	29	55%~58%	≤2
					15	1200	11	58%~60%	≤1	1800	16	58%~60%	≤1	2400	20	58%~60%	≤2	3000	26	55%~58%	≤2
					20	900	9	58%~60%	≤1	1500	13	58%~60%	≤1	2100	18	58%~60%	≤2	2700	22	58%~60%	≤2
					30	600	6	58%~60%	≤1	1200	11	58%~60%	≤1	1800	16	58%~60%	≤1	2400	20	58%~60%	≤2
			2	40	1	3000	26	55%~58%	≤2	—	—	—	—	—	—	—	—	—	—	—	—
					5	2400	20	58%~60%	≤2	2700	24	55%~58%	≤2	—	—	—	—	—	—	—	—
					10	1800	16	58%~60%	≤1	2100	20	55%~58%	≤2	2700	22	58%~60%	≤2	3300	27	55%~58%	≤2
					15	1200	11	58%~60%	≤1	1500	13	58%~60%	≤1	2100	18	58%~60%	≤2	2700	24	55%~58%	≤2
					20	900	9	58%~60%	≤1	1200	11	58%~60%	≤1	1800	16	58%~60%	≤1	2400	20	58%~60%	≤2
					30	600	6	58%~60%	≤1	900	9	58%~60%	≤1	1500	13	58%~60%	≤1	2100	18	58%~60%	≤2

噪声源：轴流风机 14# 风量 m³/s	全压 Pa	声功率级 dB(A)	传播路径 弯头 个	风道长度 m	风亭口部平面到监测点距离 m	3类区/4a类区 55dB(A) 消声器长度 mm	消声量 dB	通流比	全压损失系数	2类区 50dB(A) 消声器长度 mm	消声量 dB	通流比	全压损失系数	1类区 45dB(A) 消声器长度 mm	消声量 dB	通流比	全压损失系数	0类区 40dB(A) 消声器长度 mm	消声量 dB	通流比	全压损失系数
30	750	104	1	10	1	3600	29	55%~58%	—	—	—	—	—	—	—	—	—	—	—	—	—
					5	2400	22	55%~58%	≤2	3000	26	55%~58%	—	—	—	—	—	—	—	—	—
					10	1800	16	58%~60%	≤2	2400	22	55%~58%	≤2	3000	26	55%~58%	≤2	3600	29	55%~58%	≤2
					15	1200	11	58%~60%	≤1	1800	16	58%~60%	≤2	2400	22	55%~58%	≤2	3000	26	55%~58%	≤2
					20	900	9	58%~60%	≤1	1500	13	58%~60%	≤1	2100	20	55%~58%	≤2	2700	24	55%~58%	≤2
					30	600	6	58%~60%	≤1	1200	11	58%~60%	≤1	1800	16	58%~60%	≤1	2400	22	55%~58%	≤2
			1	20	1	3300	27	55%~58%	≤2	—	—	—	—	—	—	—	—	—	—	—	—
					5	2400	20	58%~60%	≤2	2700	24	55%~58%	≤2	—	—	—	—	—	—	—	—
					10	1800	16	58%~60%	≤1	2100	20	55%~58%	≤2	2700	24	55%~58%	≤2	3300	27	55%~58%	≤2
					15	1200	11	58%~60%	≤1	1500	13	58%~60%	≤1	2100	20	55%~58%	≤2	2700	24	55%~58%	≤2
					20	900	9	58%~60%	≤1	1200	11	58%~60%	≤1	1800	16	58%~60%	≤1	2400	22	55%~58%	≤2
					30	600	6	58%~60%	≤1	900	9	58%~60%	≤1	1500	13	58%~60%	≤1	2100	18	58%~60%	≤2

噪声源：轴流风机 14#

风量	全压	声功率级	传播路径 弯头	传播路径 风道长度	风亭口部平面到监测点距离	3类区/4a类区 55dB(A)				2类区 50dB(A)				1类区 45dB(A)				0类区 40dB(A)			
m³/s	Pa	dB(A)	个	m	m	消声器长度 mm	消声量 dB	通流比	全压损失系数	消声器长度 mm	消声量 dB	通流比	全压损失系数	消声器长度 mm	消声量 dB	通流比	全压损失系数	消声器长度 mm	消声量 dB	通流比	全压损失系数
30	750	104	2	30	1	2700	24	55%~58%	≤2	—	—	—	—	—	—	—	—	—	—	—	—
					5	2100	18	58%~60%	≤2	2400	22	55%~58%	≤2	—	—	—	—	—	—	—	—
					10	1500	13	58%~60%	≤1	1800	18	55%~58%	≤2	2400	20	58%~60%	≤2	3000	26	55%~58%	≤2
					15	900	9	58%~60%	≤1	1200	11	58%~60%	≤1	1800	16	58%~60%	≤1	2400	22	55%~58%	≤2
					20	600	6	58%~60%	≤1	900	9	58%~60%	≤1	1500	13	58%~60%	≤1	2100	18	58%~60%	≤2
					30	不需要采取降噪措施				600	6	58%~60%	≤1	1200	11	58%~60%	≤1	1800	16	58%~60%	≤1
			2	40	1	2400	22	55%~58%	≤2	—	—	—	—	—	—	—	—	—	—	—	—
					5	2100	18	58%~60%	≤2	2400	22	55%~58%	≤2	—	—	—	—	—	—	—	—
					10	1500	13	58%~60%	≤1	1800	18	55%~58%	≤2	2100	18	58%~60%	≤2	2700	24	55%~58%	≤2
					15	1200	9	58%~60%	≤1	1200	11	58%~60%	≤1	1500	13	58%~60%	≤1	2100	20	55%~58%	≤2
					20	600	6	58%~60%	≤1	900	9	58%~60%	≤1	1200	11	58%~60%	≤1	1800	16	58%~60%	≤1
					30	不需要采取降噪措施				600	6	58%~60%	≤1	900	9	58%~60%	≤1	1500	13	58%~60%	≤1

注：1 本表列举的典型排热风机在开机运行时段传至风亭外的等效连续声压级 L_{Aeq} 满足各类声功能区噪声控制标准夜间标准噪声控制方案的主要技术参数；

2 对于0类区、1类区的风亭与敏感点或敏感点、点控制点或在厂界红线（5m）外。

表 B-8　车站内部井联行通风机对站外噪声控制方案技术参数 ［叠加后总声功率级 113dB(A)］

噪声源：站内排风/新风系统设备

风量 (m³/s)	全压 (Pa)	总声功率级 (dB(A))	弯头 (个)	风道长度 (m)	风亭口部平面到监测点距离 (m)	3类区/4a类区 55dB(A)				2类区 50dB(A)				1类区 45dB(A)				0类区 40dB(A)			
						消声器长度 (mm)	消声量 (dB)	通流比	全压损失系数	消声器长度 (mm)	消声量 (dB)	通流比	全压损失系数	消声器长度 (mm)	消声量 (dB)	通流比	全压损失系数	消声器长度 (mm)	消声量 (dB)	通流比	全压损失系数
		113	1	10	1	5100	40	50%~55%	≤5	—	—	—	—	—	—	—	—	—	—	—	—
					5	3900	31	55%~58%	≤2	4500	35	55%~58%	≤4	—	—	—	—	—	—	—	—
					10	3300	25	58%~60%	≤2	3900	31	55%~58%	≤2	4500	35	55%~58%	≤4	5100	40	50%~55%	≤5
					15	2700	22	58%~60%	≤2	3300	27	55%~58%	≤2	3900	31	55%~58%	≤2	4500	38	50%~55%	≤5
					20	2400	20	58%~60%	≤2	3000	23	58%~60%	≤2	3600	29	55%~58%	≤2	4200	34	55%~58%	≤4
					30	2100	18	58%~60%	≤2	2700	22	58%~60%	≤2	3300	25	58%~60%	≤2	3900	31	55%~58%	≤2
			1	20	1	4800	39	50%~55%	≤5	—	—	—	—	—	—	—	—	—	—	—	—
					5	3600	32	55%~58%	≤2	4200	34	55%~58%	≤4	—	—	—	—	—	—	—	—
					10	3000	23	58%~60%	≤2	3600	29	55%~58%	≤2	4200	34	55%~58%	≤4	4800	39	50%~55%	≤5
					15	2400	20	58%~60%	≤2	3000	26	55%~58%	≤2	3600	29	55%~58%	≤2	4200	36	50%~55%	≤5
					20	2100	18	58%~60%	≤2	2700	22	58%~60%	≤2	3300	27	55%~58%	≤2	3900	31	55%~58%	≤2
					30	1800	16	58%~60%	≤1	2400	20	58%~60%	≤1	3000	23	58%~60%	≤2	3600	29	55%~58%	≤2

各类多个设备风量相加

噪声源：站内排风/新风系统设备

风量 (m³/s)	全压 (Pa)	总声功率级 (dB(A))	弯头 (个)	风道长度 (m)	风亭口部平面到监测点距离 (m)	3类区/4a类区 55dB(A) 消声器长度 (mm)	消声量 (dB)	通流比	全压损失系数	2类区 50dB(A) 消声器长度 (mm)	消声量 (dB)	通流比	全压损失系数	1类区 45dB(A) 消声器长度 (mm)	消声量 (dB)	通流比	全压损失系数	0类区 40dB(A) 消声器长度 (mm)	消声量 (dB)	通流比	全压损失系数
		113	2	30	1	4200	34	55%~58%	≤4	—	—	—	—	—	—	—	—	—	—	—	—
					5	3300	25	58%~60%	≤2	3900	31	55%~58%	≤2	—	—	—	—	—	—	—	—
					10	2700	22	58%~60%	≤2	3300	25	58%~60%	≤2	3900	31	55%~58%	≤2	4500	35	55%~58%	≤4
					15	2100	18	58%~60%	≤2	2700	22	58%~60%	≤2	3300	25	58%~60%	≤2	3900	31	55%~58%	≤2
					20	1800	16	58%~60%	≤1	2400	20	58%~60%	≤1	3000	23	58%~60%	≤2	3600	29	55%~58%	≤2
					30	1500	13	58%~60%	≤1	2100	18	58%~60%	≤1	2700	22	58%~60%	≤2	3300	25	58%~60%	≤2
各类多个设备风量相加			2	40	1	3900	31	55%~58%	≤2	—	—	—	—	—	—	—	—	—	—	—	—
					5	3000	23	58%~60%	≤2	3600	29	55%~58%	≤2	—	—	—	—	—	—	—	—
					10	2400	20	58%~60%	≤1	3000	23	58%~60%	≤2	3600	29	55%~58%	≤2	4200	34	55%~58%	≤4
					15	1800	16	58%~60%	≤1	2400	20	58%~60%	≤1	3000	23	58%~60%	≤2	3600	29	55%~58%	≤2
					20	1500	13	58%~60%	≤1	2100	18	58%~60%	≤1	2700	22	58%~60%	≤2	3300	27	55%~58%	≤2
					30	1200	11	58%~60%	≤1	1800	16	58%~60%	≤1	2400	20	58%~60%	≤1	3000	23	58%~60%	≤2

注：1 本表列举的站内排风系统设备在开机运行时段噪声源叠加后传至风亭外的等效连续声压级 L_{Aeq} 满足各类声功能区噪声控制夜间标准的噪声控制方案的主要技术参数；

2 对于 0 类区、1 类区的风亭的风亭口或敏感点与敏感点或控制点的距离均在厂界红线（5m）外。

表 B-9　车站内部并联运行通风机对站外噪声控制方案技术参数［叠加后总声功率级 118dB（A）］

噪声源：站内排风/新风系统设备

风量	全压	总声功率级	传播路径		风亭口部平面到监测点距离	3类区/4a类区 55dB(A)				2类区 50dB(A)				1类区 45dB(A)				0类区 40dB(A)			
			弯头	风道长度		消声器长度	消声量	通流比	全压损失系数	消声器长度	消声量	通流比	全压损失系数	消声器长度	消声量	通流比	全压损失系数	消声器长度	消声量	通流比	全压损失系数
m³/s	Pa	dB(A)	个	m	m	mm	dB			mm	dB			mm	dB			mm	dB		
		118	1	10	1	5400	45	45%~50%	—	—	—	—	—	—	—	—	—	—	—	—	—
					5	4200	36	50%~55%	≤7	4800	39	50%~55%	≤5	—	—	—	—	—	—	—	—
					10	3600	29	55%~58%	≤5	4200	36	50%~55%	≤5	4800	39	50%~55%	≤5	5400	45	45%~50%	≤7
					15	3000	26	55%~58%	≤2	3600	32	50%~55%	≤3	4200	36	50%~55%	≤5	4800	42	45%~50%	≤7
					20	2700	24	55%~58%	≤2	3300	30	50%~55%	≤3	3900	33	50%~55%	≤3	4500	38	50%~55%	≤5
					30	2400	20	58%~60%	≤2	3000	26	55%~58%	≤2	3600	32	50%~55%	≤3	4200	36	50%~55%	≤5
			1	20	1	5100	43	45%~50%	≤7	—	—	—	—	—	—	—	—	—	—	—	—
					5	3900	33	50%~55%	≤3	4500	38	50%~55%	≤5	—	—	—	—	—	—	—	—
					10	3300	27	55%~58%	≤2	3900	33	50%~55%	≤3	4500	38	50%~55%	≤5	5100	43	45%~50%	≤7
					15	2700	24	55%~58%	≤2	3300	30	50%~55%	≤3	3900	33	50%~55%	≤3	4500	41	45%~50%	≤7
					20	2400	22	55%~58%	≤2	3000	26	55%~58%	≤2	3600	32	50%~55%	≤3	4200	36	50%~55%	≤5
					30	2100	18	58%~60%	≤2	2700	24	55%~58%	≤2	3300	30	50%~55%	≤3	3900	33	50%~55%	≤3

各类多个设备风量相加

噪声源：站内排风/新风系统设备

风量(m³/s)	全压(Pa)	总声功率级(dB(A))	传播路径 弯头(个)	传播路径 风道长度(m)	风亭口部平面到监测点距离(m)	3类区/4a类区 55dB(A) 消声器长度(mm)	消声量(dB)	通流比	全压损失系数	2类区 50dB(A) 消声器长度(mm)	消声量(dB)	通流比	全压损失系数	1类区 45dB(A) 消声器长度(mm)	消声量(dB)	通流比	全压损失系数	0类区 40dB(A) 消声器长度(mm)	消声量(dB)	通流比	全压损失系数
		118	2	30	1	4800	39	50%~55%	≤5	—	—	—	—	—	—	—	—	—	—	—	—
					5	3600	29	55%~58%	≤2	4200	36	50%~55%	≤5	4200	34	55%~58%	≤4	4800	42	45%~50%	≤7
					10	3000	26	55%~60%	≤2	3600	29	55%~58%	≤2	3600	29	55%~58%	≤2	4200	36	50%~55%	≤5
					15	2400	20	58%~60%	≤2	3000	26	55%~58%	≤2	3300	27	55%~58%	≤2	3900	31	55%~58%	≤2
					20	2100	18	58%~60%	≤2	2700	24	55%~58%	≤2	3000	26	55%~58%	≤2	3600	29	55%~58%	≤2
					30	1800	16	58%~60%	≤1	2400	20	58%~60%	≤2	—	—		—	—	—	—	—
			2	40	1	4500	38	50%~55%	≤5	—	—	—	—	—	—	—	—	—	—	—	—
					5	3300	27	55%~58%	≤2	3900	33	50%~55%	≤3	3900	31	55%~58%	≤2	4500	38	50%~55%	≤5
					10	2700	24	58%~60%	≤2	3300	27	55%~58%	≤2	3300	27	55%~58%	≤2	3900	33	50%~55%	≤3
					15	2100	18	58%~60%	≤1	2700	24	55%~58%	≤2	3000	26	55%~58%	≤2	3600	29	55%~58%	≤2
					20	1800	16	58%~60%	≤1	2400	22	55%~58%	≤2	2700	24	55%~58%	≤2	3300	27	55%~58%	≤2
各类多个设备风量相加	—				30	1500	14	58%~60%	≤1	2100	18	58%~60%	≤1	2700	24	55%~58%	≤2	3300	27	55%~58%	≤2

注：1 本表列举的站内排风系统设备在开机运行时段内噪声源叠加后传至风亭外的等效连续声压级 L_{Aeq} 满足各声功能区噪声控制夜间标准区间，标准方案的主要技术参数；

2 对于 0 类区、1 类区的风亭与敏感点或感受控制点的距离均在厂界红线（5m）外。

138

表 B-10　车站内部并联运行通风机对站外噪声控制方案技术参数 [叠加后总声功率级 120dB(A)]

噪声源：站内排风系统设备			传播路径		风亭口部平面到监测点距离	3 类区/4a 类区 55dB(A)				2 类区 50dB(A)				1 类区 45dB(A)				0 类区 40dB(A)			
风量	全压	总声功率级	风道长度	弯头		消声器长度	消声量	通流比	全压损失系数	消声器长度	消声量	通流比	全压损失系数	消声器长度	消声量	通流比	全压损失系数	消声器长度	消声量	通流比	全压损失系数
m³/s	Pa	dB(A)	m	个	m	mm	dB		—	mm	dB		—	mm	dB		—	mm	dB		—
各类多个设备风量相加		120	10	1	1	5400	48	40%~45%	—	—	—	—	—	—	—	—	—	—	—	—	—
					5	4200	36	50%~55%	≤10	4800	42	45%~50%	≤7	—	—	—	—	—	—	—	—
					10	3600	32	50%~55%	≤5	4200	36	50%~55%	≤5	4800	42	45%~50%	≤7	5400	48	40%~45%	≤10
					15	3000	28	50%~55%	≤3	3600	32	50%~55%	≤3	4200	39	45%~50%	≤6	4800	45	40%~45%	≤10
					20	2700	26	50%~55%	≤3	3300	30	50%~55%	≤3	3900	36	45%~50%	≤4	4500	41	45%~50%	≤6
					30	2400	22	55%~58%	≤2	3000	26	55%~58%	≤2	3600	32	50%~55%	≤3	4200	39	45%~50%	≤6
			20	1	1	5100	46	40%~45%	—	—	—	—	—	—	—	—	—	—	—	—	—
					5	3900	33	50%~55%	≤10	4500	41	45%~50%	≤6	—	—	—	—	—	—	—	—
					10	3300	30	50%~55%	≤3	3900	33	50%~55%	≤3	4500	41	45%~50%	≤6	5100	46	40%~45%	≤10
					15	2700	26	50%~55%	≤3	3300	30	50%~55%	≤3	3900	36	45%~50%	≤4	4500	41	45%~50%	≤7
					20	2400	24	50%~55%	≤3	3000	26	50%~55%	≤3	3600	35	45%~50%	≤4	4200	40	45%~50%	≤6
					30	2100	20	55%~58%	≤2	2700	24	55%~58%	≤2	3300	30	50%~55%	≤3	3900	36	45%~50%	≤4

噪声源：站内排风系统设备

风量 m³/s	全压 Pa	总声功率级 dB(A)	弯头 个	风道长度 m	风亭口部平面到监测点距离 m	3类区/4a类区 55dB(A) 消声器长度 mm	消声量 dB	通流比	全压损失系数	2类区 50dB(A) 消声器长度 mm	消声量 dB	通流比	全压损失系数	1类区 45dB(A) 消声器长度 mm	消声量 dB	通流比	全压损失系数	0类区 40dB(A) 消声器长度 mm	消声量 dB	通流比	全压损失系数
各类多个设备风量相加	—	120	2	30	1	4800	42	45%~50%	≤7	—	—	—	—	—	—	—	—	—	—	—	—
					5	3600	32	50%~55%	≤3	4200	36	50%~55%	≤5	—	—	—	—	—	—	—	—
					10	3000	26	55%~58%	≤2	3600	32	50%~55%	≤3	4200	36	50%~55%	≤5	4800	42	45%~50%	≤7
					15	2400	22	55%~58%	≤2	3000	28	50%~55%	≤3	3600	32	50%~55%	≤3	4200	39	45%~50%	≤6
					20	2100	20	55%~58%	≤2	2700	24	55%~58%	≤2	3300	30	50%~55%	≤3	3900	36	45%~50%	≤4
					30	1800	16	58%~60%	≤1	2400	20	58%~60%	≤2	3000	26	55%~58%	≤2	3600	32	50%~55%	≤3
			2	40	1	4500	41	45%~50%	≤6	—	—	—	—	—	—	—	—	—	—	—	—
					5	3300	30	50%~55%	≤3	3900	33	50%~55%	≤3	—	—	—	—	—	—	—	—
					10	2700	24	55%~58%	≤2	3300	30	50%~55%	≤3	3900	33	50%~55%	≤3	4500	41	45%~50%	≤6
					15	2100	20	55%~58%	≤2	2700	26	50%~55%	≤2	3300	30	50%~55%	≤3	3900	36	45%~50%	≤4
					20	1800	18	55%~60%	≤2	2400	22	55%~58%	≤2	3000	28	50%~55%	≤2	3600	32	50%~55%	≤3
					30	1500	14	58%~60%	≤1	2100	18	58%~60%	≤1	2700	24	55%~58%	≤1	3300	30	50%~55%	≤3

注：1 本表列举的站内排风系统设备在开机运行时段内噪声源叠加后传至风亭外的等效连续声压级 L_{Aeq} 满足各类声功能区噪声控制夜间标准的噪声控制方案的主要技术参数；

2 对于 0 类区、1 类区的风亭与敏感点或控制点的距离均在厂界红线（5m）外。

B.6 列车运行对站外影响的噪声控制方案技术参数

如表 B-11 所示。

表 B-11　列车运行对站外影响的噪声控制方案技术参数（对固定监测点而言视为频发噪声）

噪声源：列车			传播路径		风亭口部平面到响应监测点距离	3类区/4a类区 65dB(A)				2类区 60dB(A)				1类区 55dB(A)				0类区 50dB(A)			
车速	长度	声功率级	弯头	风道长度	距离	消声器长度	消声量	通流比	全压损失系数	消声器长度	消声量	通流比	全压损失系数	消声器长度	消声量	通流比	全压损失系数	消声器长度	消声量	通流比	全压损失系数
km/h	m	dB(A)	个	m	m	mm	dB		—	mm	dB		—	mm	dB		—	mm	dB		—
160	140	126	1	10	1	5700	47	45%~50%	—	—	—	—	—	—	—	—	—	—	—	—	—
					5	4500	38	50%~55%	≤7	5100	43	45%~50%	≤7	—	—	—	—	—	—	—	—
					10	3900	33	50%~55%	≤5	4500	38	50%~55%	≤5	5100	43	45%~50%	≤7	5700	47	45%~50%	≤7
					15	3300	30	50%~55%	≤3	3900	33	50%~55%	≤3	4500	38	50%~55%	≤5	5100	43	45%~50%	≤7
					20	3000	26	55%~58%	≤3	3600	32	50%~55%	≤3	4200	36	50%~55%	≤5	4800	42	45%~50%	≤7
					30	2700	22	58%~60%	≤2	3300	27	55%~58%	≤2	3900	33	50%~55%	≤3	4500	38	50%~55%	≤5
			1	20	1	5400	45	45%~50%	≤7	—	—	—	—	—	—	—	—	—	—	—	—
					5	4200	34	55%~58%	≤4	4800	42	45%~50%	≤7	—	—	—	—	—	—	—	—
					10	3600	29	55%~58%	≤2	4200	36	50%~55%	≤5	4800	42	45%~50%	≤7	5400	45	45%~50%	≤7
					15	3000	26	55%~58%	≤2	3600	32	50%~55%	≤3	4200	36	50%~55%	≤5	4800	42	45%~50%	≤7
					20	2700	24	55%~58%	≤2	3300	30	50%~55%	≤3	3900	33	50%~55%	≤3	4500	38	50%~55%	≤5
					30	2400	20	58%~60%	≤2	3000	26	55%~58%	≤2	3600	32	50%~55%	≤3	4200	36	50%~55%	≤5

噪声源：列车 车速 km/h	长度 m	声功率级 dB(A)	传播路径 弯头 个	风道长度 m	风亭口部平面到监测点距离 m	3类区/4a类区 65dB(A) 消声器长度 mm	消声量 dB	通流比	全压损失系数	2类区 60dB(A) 消声器长度 mm	消声量 dB	通流比	全压损失系数	1类区 55dB(A) 消声器长度 mm	消声量 dB	通流比	全压损失系数	0类区 50dB(A) 消声器长度 mm	消声量 dB	通流比	全压损失系数
160	140	126	2	30	1	5100	40	50%~55%	—	—	—	—	—	—	—	—	—	—	—	—	—
					5	3900	31	55%~58%	≤5	4500	35	55%~58%	—	4500	38	50%~55%	≤5	5100	40	50%~55%	≤5
					10	3300	27	55%~58%	≤2	3900	31	55%~58%	≤4	3900	33	50%~55%	≤3	4500	38	50%~55%	≤5
					15	2700	24	55%~58%	≤2	3300	27	55%~58%	≤2	3600	29	55%~58%	≤2	4200	36	50%~55%	≤5
					20	2400	20	58%~60%	≤2	3000	26	55%~58%	≤2	3300	27	55%~58%	≤2	3900	33	50%~55%	≤3
					30	2100	18	58%~60%	≤2	2700	22	58%~60%	≤2	—	—	—	—	—	—	—	—
			2	40	1	4800	39	50%~55%	—	—	—	—	—	—	—	—	—	—	—	—	—
					5	3600	29	55%~58%	≤2	4200	34	55%~58%	≤4	—	—	—	—	4800	39	50%~55%	≤5
					10	3000	26	55%~58%	≤2	3600	29	55%~58%	≤2	4200	36	50%~55%	≤5	4200	36	50%~55%	≤5
					15	2400	22	55%~58%	≤2	3000	26	55%~58%	≤2	3600	32	50%~55%	≤3	3900	33	50%~55%	≤3
					20	2100	18	58%~60%	≤2	2700	24	55%~58%	≤2	3300	27	55%~58%	≤2	3600	32	50%~55%	≤3
					30	1800	16	58%~60%	≤1	2400	20	58%~60%	≤2	3000	26	55%~58%	≤2	—	—	—	—

噪声源：列车 车速 km/h	长度 m	声功率级 dB(A)	传播路径 弯头 个	风道长度 m	风亭口部平面到监测点距离 m	3类区/4a类区 65dB(A) 消声器长度 mm	消声量 dB	通流比	全压损失系数	2类区 60dB(A) 消声器长度 mm	消声量 dB	通流比	全压损失系数	1类区 55dB(A) 消声器长度 mm	消声量 dB	通流比	全压损失系数	0类区 50dB(A) 消声器长度 mm	消声量 dB	通流比	全压损失系数
120	140	122	1	10	1	4500	38	50%~55%	≤5	—	—	—	—	—	—		—	—	—	—	—
					5	3600	29	55%~58%	≤2	4200	36	50%~55%	≤5	—	—		—	—	—	—	—
					10	3000	23	58%~60%	≤2	3600	29	55%~58%	≤2	4200	34	55%~58%	≤3	4800	39	50%~55%	≤5
					15	2400	20	58%~60%	≤2	3000	26	55%~58%	≤2	3600	29	55%~58%	≤2	4200	36	50%~55%	≤5
					20	2100	18	58%~60%	≤2	2700	22	58%~60%	≤2	3300	27	55%~58%	≤2	3900	31	55%~58%	≤2
					30	1800	16	58%~60%	≤1	2400	20	58%~60%	≤2	3000	23	58%~60%	≤2	3600	29	55%~58%	≤2
			1	20	1	4200	36	50%~55%	≤5	—	—	50%~55%	—	—	—		—	—	—	—	—
					5	3300	27	55%~58%	≤2	3900	33	50%~55%	≤3	—	—		—	—	—	—	—
					10	2700	22	58%~60%	≤2	3300	27	55%~58%	≤2	3900	31	55%~58%	≤2	4500	38	50%~55%	≤5
					15	2100	18	58%~60%	≤2	2700	24	55%~58%	≤2	3300	27	55%~58%	≤2	3900	33	50%~55%	≤3
					20	1800	16	58%~60%	≤1	2400	20	58%~60%	≤2	3000	26	55%~58%	≤2	3600	29	55%~58%	≤2
					30	1500	13	58%~60%	≤1	2100	18	58%~60%	≤2	2700	22	58%~60%	≤2	3300	27	55%~58%	≤2

噪声源：列车 车速 km/h	长度 m	声功率级 dB(A)	传播路径 弯头 个	风道长度 m	风亭口部平面到监测点距离 m	3类区/4a类区 65dB(A) 消声器长度 mm	消声量 dB	通流比	全压损失系数	2类区 60dB(A) 消声器长度 mm	消声量 dB	通流比	全压损失系数	1类区 55dB(A) 消声器长度 mm	消声量 dB	通流比	全压损失系数	0类区 50dB(A) 消声器长度 mm	消声量 dB	通流比	全压损失系数
120	140	122	2	30	1	3900	33	50%~55%	—	—	—	—	—	—	—	—	—	—	—	—	—
					5	3000	26	55%~58%	≤3	3600	29	55%~58%	—	—	—	—	—	—	—	—	—
					10	2400	20	58%~60%	≤2	3000	26	55%~58%	≤2	3600	26	58%~60%	≤2	4200	34	55%~58%	≤3
					15	1800	16	58%~60%	≤2	2400	20	58%~60%	≤2	3000	23	58%~60%	≤2	3600	29	55%~58%	≤2
					20	1500	13	58%~60%	≤1	2100	18	58%~60%	≤2	2700	22	58%~60%	≤2	3300	27	55%~58%	≤2
					30	1200	11	58%~60%	≤1	1800	16	58%~60%	≤1	2400	20	58%~60%	≤2	3000	23	58%~60%	≤2
			2	40	1	3600	32	50%~55%	≤3	—	—	—	—	—	—	—	—	—	—	—	—
					5	2700	22	58%~60%	≤2	3300	27	55%~58%	≤2	—	—	—	—	—	—	—	—
					10	2100	18	58%~60%	≤2	2700	24	55%~58%	≤2	3300	25	58%~60%	≤2	3900	31	55%~58%	≤2
					15	1500	13	58%~60%	≤1	2100	18	58%~60%	≤2	2700	22	58%~60%	≤2	3300	27	55%~58%	≤2
					20	1200	11	58%~60%	≤1	1800	16	58%~60%	≤1	2400	20	58%~60%	≤2	3000	26	55%~58%	≤2
					30	900	9	58%~60%	≤1	1500	13	58%~60%	≤1	2100	18	58%~60%	≤2	2700	22	58%~60%	≤2

噪声源：列车			传播路径		风亭口	3类区/4a类区 65dB(A)				2类区 60dB(A)				1类区 55dB(A)				0类区 50dB(A)			
车速 km/h	长度 m	声功率级 dB(A)	弯头 个	风道长度 m	部平面到监测点距离 m	消声器长度 mm	消声量 dB	通流比	全压损失系数	消声器长度 mm	消声量 dB	通流比	全压损失系数	消声器长度 mm	消声量 dB	通流比	全压损失系数	消声器长度 mm	消声量 dB	通流比	全压损失系数
80	140	117	1	10	1	3900	33	50%~55%	≤3	—	—	—	—	—	—	—	—	—	—	—	—
					5	3000	23	58%~60%	≤2	3600	29	55%~58%	≤2	—	—	—	—	—	—	—	—
					10	2400	20	58%~60%	≤2	3000	26	55%~58%	≤2	3600	29	55%~58%	≤2	4200	36	50%~55%	≤5
					15	1800	16	58%~60%	≤1	2400	22	55%~58%	≤2	3000	26	55%~58%	≤2	3600	32	50%~55%	≤3
					20	1500	13	58%~60%	≤1	2100	18	58%~60%	≤1	2700	22	58%~60%	≤2	3300	27	55%~58%	≤2
					30	1200	11	58%~60%	≤1	1800	16	58%~60%	≤1	2400	20	58%~60%	≤2	3000	26	55%~58%	≤2
			1	20	1	3600	32	50%~55%	≤3	3300	30	50%~55%	≤3	—	—	—	—	—	—	—	—
					5	2700	22	58%~60%	≤2	2700	24	55%~58%	≤2	3300	27	55%~58%	≤2	3900	33	50%~55%	≤3
					10	2100	18	58%~60%	≤2	2100	20	55%~58%	≤2	2700	24	55%~58%	≤2	3300	30	50%~55%	≤3
					15	1500	13	58%~60%	≤1	1800	16	58%~60%	≤1	2400	20	58%~60%	≤2	3000	26	55%~58%	≤2
					20	1200	11	58%~60%	≤1	1500	13	58%~60%	≤1	2100	18	58%~60%	≤2	2700	24	55%~58%	≤2
					30	900	9	58%~60%	≤1	—	—	—	—	—	—	—	—	—	—	—	—

噪声源：列车 车速 km/h	长度 m	声功率级 dB(A)	传播路径 弯头 个	风道长度 m	风亭口部平面到监测点距离 m	3类区/4a类区 65dB(A) 消声器长度 mm	消声量 dB	通流比	全压损失系数	2类区 60dB(A) 消声器长度 mm	消声量 dB	通流比	全压损失系数	1类区 55dB(A) 消声器长度 mm	消声量 dB	通流比	全压损失系数	0类区 50dB(A) 消声器长度 mm	消声量 dB	通流比	全压损失系数
80	140	117	2	30	1	3300	27	55%~58%	—	—	—	—	—	—	—	—	—	—	—	—	—
					5	2400	20	58%~60%	≤2	3000	26	55%~58%	≤2	—	—	—	—	—	—	—	—
					10	1800	16	58%~60%	≤2	2400	22	55%~58%	≤2	3000	23	58%~60%	≤2	3600	29	55%~58%	≤2
					15	1200	11	58%~60%	≤1	1800	16	58%~60%	≤1	2400	20	58%~60%	≤2	3000	26	55%~58%	≤2
					20	900	9	58%~60%	≤1	1500	13	58%~60%	≤1	2100	18	58%~60%	≤2	2700	22	58%~60%	≤2
					30	600	6	58%~60%	≤1	1200	11	58%~60%	≤1	1800	16	58%~60%	≤1	2400	20	58%~60%	≤2
			2	40	1	3000	26	55%~58%	≤2	2700	24	55%~58%	≤2	—	—	—	—	—	—	—	—
					5	2100	18	58%~60%	≤2	2100	20	55%~58%	≤2	2700	22	58%~60%	≤2	3300	27	55%~58%	≤2
					10	1500	13	58%~60%	≤1	1500	13	58%~60%	≤1	2100	18	58%~60%	≤1	2700	24	55%~58%	≤2
					15	900	9	58%~60%	≤1	1200	11	58%~60%	≤1	1800	16	58%~60%	≤1	2400	20	58%~60%	≤2
					20	600	6	58%~60%	≤1	900	9	58%~60%	≤1	1500	13	58%~60%	≤1	2100	18	58%~60%	≤1
					30	600	6	58%~60%	≤1	900	9	58%~60%	≤1	1500	13	58%~60%	≤1	2100	18	58%~60%	≤1

噪声源：列车			传播路径		风亭口部平面到监测点距离	3类区/4a类区 65dB(A)				2类区 60dB(A)				1类区 55dB(A)				0类区 50dB(A)			
车速	长度	声功率级	弯头	风道长度		消声器长度	消声量	通流比	全压损失系数	消声器长度	消声量	通流比	全压损失系数	消声器长度	消声量	通流比	全压损失系数	消声器长度	消声量	通流比	全压损失系数
km/h	m	dB(A)	个	m	m	mm	dB	—	—	mm	dB	—	—	mm	dB	—	—	mm	dB	—	—
60	140	113	1	10	1	3300	30	50%~55%	≤3	—	—	—	—	—	—	—	—	—	—	—	—
					5	2700	22	58%~60%	≤2	3300	30	50%~55%	≤2	—	—	—	—	—	—	—	—
					10	2100	18	58%~60%	≤2	2700	24	55%~58%	≤2	3300	25	58%~60%	≤2	3900	31	55%~58%	≤2
					15	1500	13	58%~60%	≤1	2100	20	55%~58%	≤2	2700	22	58%~60%	≤2	3300	27	55%~58%	≤2
					20	1200	11	58%~60%	≤1	1800	16	58%~60%	≤1	2400	20	58%~60%	≤2	3000	23	58%~60%	≤2
					30	900	9	58%~60%	≤1	1500	13	58%~60%	≤1	2100	18	58%~60%	≤2	2700	22	58%~60%	≤2
			1	20	1	3000	28	50%~55%	≤3	—	—	—	—	—	—	—	—	—	—	—	—
					5	2400	20	58%~60%	≤2	3000	28	50%~55%	≤2	—	—	—	—	—	—	—	—
					10	1800	16	58%~60%	≤1	2400	22	55%~58%	≤1	3000	23	58%~60%	≤2	3600	29	55%~58%	≤2
					15	1200	11	58%~60%	≤1	1800	18	55%~58%	≤1	2400	20	58%~60%	≤2	3000	26	55%~58%	≤2
					20	900	9	58%~60%	≤1	1500	13	58%~60%	≤1	2100	18	58%~60%	≤2	2700	22	58%~60%	≤2
					30	600	6	58%~60%	≤1	1200	11	58%~60%	≤1	1800	16	58%~60%	≤2	2400	20	58%~60%	≤2

噪声源：列车

车速 (km/h)	长度 (m)	声功率级 dB(A)	传播路径 弯头 (个)	风道长度 (m)	风亭口部平面到监测点距离 (m)	3类区/4a类区 65dB(A) 消声器长度 (mm)	消声量 (dB)	通流比	全压损失系数	2类区 60dB(A) 消声器长度 (mm)	消声量 (dB)	通流比	全压损失系数	1类区 55dB(A) 消声器长度 (mm)	消声量 (dB)	通流比	全压损失系数	0类区 50dB(A) 消声器长度 (mm)	消声量 (dB)	通流比	全压损失系数
60	140	113	2	30	1	2700	24	55%~58%	—	—	—	—	—	—	—	—	—	—	—	—	—
					5	2100	18	58%~60%	≤2	2700	24	55%~58%	≤2	—	—	—	—	—	—	—	—
					10	1500	13	58%~60%	≤1	2100	20	55%~58%	≤2	2700	22	58%~60%	≤1	3300	25	58%~60%	≤2
					15	900	9	58%~60%	≤1	1500	13	58%~60%	≤1	2100	18	58%~60%	≤2	2700	22	58%~60%	≤2
					20	600	6	58%~60%	≤1	1200	11	58%~60%	≤1	1800	16	58%~60%	≤1	2400	20	58%~60%	≤2
					30	不需要采取降噪措施				900	9	58%~60%	≤1	1500	13	58%~60%	≤1	2100	18	58%~60%	≤2
			2	40	1	2400	22	55%~58%	—	—	—	—	—	—	—	—	—	—	—	—	—
					5	2100	18	58%~60%	≤2	2400	22	55%~58%	≤2	—	—	—	—	—	—	—	—
					10	1500	13	58%~60%	≤1	1800	18	55%~58%	≤2	2400	20	58%~60%	≤2	3000	23	58%~60%	≤2
					15	900	9	58%~60%	≤1	1200	11	58%~60%	≤1	1800	16	58%~60%	≤1	2400	20	58%~60%	≤1
					20	600	6	58%~60%	≤1	900	9	58%~60%	≤1	1500	13	58%~60%	≤1	2100	18	58%~60%	≤2
					30	不需要采取降噪措施				600	6	58%~60%	≤1	1200	11	58%~60%	≤1	1800	16	58%~60%	≤1

噪声源：列车 车速 km/h	长度 m	声功率级 dB(A)	传播路径 弯头 个	风道长度 m	风亭口部平面到监测点距离 m	3类区/4a类区 65dB(A) 消声器长度 mm	消声量 dB	通流比	全压损失系数	2类区 60dB(A) 消声器长度 mm	消声量 dB	通流比	全压损失系数	1类区 55dB(A) 消声器长度 mm	消声量 dB	通流比	全压损失系数	0类区 50dB(A) 消声器长度 mm	消声量 dB	通流比	全压损失系数
30	140	104	1	10	1	2100	20	55%~58%	≤2	—	—	—	—	—	—	—	—	—	—	—	—
					5	1500	13	58%~60%	≤1	1800	16	58%~60%	≤1	—	—	—	—	—	—	—	—
					10	900	9	58%~60%	≤1	1200	11	58%~60%	≤1	1500	15	55%~58%	≤2	2100	20	55%~58%	≤2
					15	600	6	58%~60%	≤1	900	9	58%~60%	≤1	1200	11	58%~60%	≤1	1800	18	55%~58%	≤2
					20	不需要采取降噪措施				600	6	58%~60%	≤1	900	9	58%~60%	≤1	1500	13	58%~60%	≤1
					30	不需要采取降噪措施				不需要采取降噪措施				600	6	58%~60%	≤1	1200	11	58%~60%	≤1
			1	20	1	1800	18	55%~58%	≤2	—	—	—	—	—	—	—	—	—	—	—	—
					5	1200	11	58%~60%	≤1	1800	16	58%~60%	≤1	—	—	—	—	—	—	—	—
					10	600	6	58%~60%	≤1	1200	11	58%~60%	≤1	1500	13	58%~60%	≤1	1800	18	55%~58%	≤2
					15	不需要采取降噪措施				900	9	58%~60%	≤1	1200	11	58%~60%	≤1	1500	15	55%~58%	≤2
					20	不需要采取降噪措施				600	6.0	58%~60%	≤1	900	9	58%~60%	≤1	1200	11	58%~60%	≤1
					30	不需要采取降噪措施				不需要采取降噪措施				600	6	58%~60%	≤1	900	9	58%~60%	≤1

续表 B-11

噪声源：列车			传播路径		风亭口部平面到监测点距离	3类区/4a类区 65dB(A)				2类区 60dB(A)				1类区 55dB(A)				0类区 50dB(A)			
车速 km/h	长度 m	声功率级 dB(A)	弯头 个	风道长度 m	m	消声器长度 mm	消声量 dB	通流比	全压损失系数	消声器长度 mm	消声量 dB	通流比	全压损失系数	消声器长度 mm	消声量 dB	通流比	全压损失系数	消声器长度 mm	消声量 dB	通流比	全压损失系数
30	140	104	2	30	1	1200	13	55%~58%	≤1	1200	11	58%~60%	≤1	900	9	58%~60%	≤1	1500	13	58%~60%	≤1
					5	600	6	58%~60%	≤1	600	6	58%~60%	≤1	600	6	58%~60%	≤1	1200	11	58%~60%	≤1
					10	不需要采取降噪措施				不需要采取降噪措施				600	6	58%~60%	≤1	900	9	58%~60%	≤1
					15									不需要采取降噪措施				600	6	58%~60%	≤1
					20													不需要采取降噪措施			
					30																
			2	40	1	1200	13	55%~58%	≤1	1200	11	58%~60%	≤1	900	9	58%~60%	≤1	1500	13	58%~60%	≤1
					5	600	6	58%~60%	≤1	600	6	58%~60%	≤1	600	6	58%~60%	≤1	1200	11	58%~60%	≤1
					10	不需要采取降噪措施				不需要采取降噪措施				600	6	58%~60%	≤1	900	9	58%~60%	≤1
					15									不需要采取降噪措施				600	6	58%~60%	≤1
					20													不需要采取降噪措施			
					30																

注：

1 列车噪声通过风亭对外排放有间歇规律，持续时间短暂，在整个昼间（或夜间）时段视为频发噪声。依据 GB 12348—2008 的规定，其最大声级 $L_{F,max}$ 超过环境噪声夜间等效声级限值 L_{Aeq} 不得高于10dB(A)。因此，本表以各类声功能区单次通过风亭的最大声级 $L_{F,max}$ 满足各类声功能区夜间标准限值+10dB(A) 的噪声控制方案为主要技术参数；

2 当列车噪声与隧道风机传播声共用一个风亭又叫风亭时，风道/风井内的消声器应以满足两种噪声源中最大者达标为目标进行设计计算；

3 对于 0 类区、1 类区声传播与隧道风机噪声敏感点或敏感点均在控制点或敏感点均在厂界红线（5m）外，故表中没有数据。